Hail   Indianische Astrologie

Raven Hail

Indianische Astrologie

mit dem
traditionellen
Kalender
der Cherokee

Aus dem Amerikanischen
von Elisabeth Liebl

KAILASH

Die Originalausgabe erschien unter dem Titel *The Cherokee Sacred Calendar* bei Destiny Books, Rochester, Vermont, USA.
Published by Arrangement with Inner Traditions International Ltd.

Die Deutsche Bibliothek – CIP-Einheitsaufnahme
Indianische Astrologie : mit dem traditionellen Kalender
der Cherokee / Raven Hail. Aus dem Amerikan. von
Elisabeth Liebl. – Kreuzlingen ; München : Hugendubel 2001
(Kailash)
Einheitssacht.: Cherokee sacred calender <dt.>
ISBN 3-7205-2230-X

Umschlaggestaltung: Zembsch'Werkstatt, München
Illustrationen: Doris und Marion Arnemann, Hamburg
Produktion: Maximiliane Seidl
Satz: Impressum, München
Druck und Bindung: GGP Media, Pößneck
Printed in Germany

ISBN 3-7205-2230-X

Nun wo das Volk erwacht,
Zur Stimme der Unsterblichen,
Und die Adler sich versammeln
Am Ort unseres Ursprungs –
Nun kommt die Botschaft von den Bergen,
die allen Menschen gehört:
Die Spiritualität der Cherokee
gehört nicht allein den Cherokee.
Sie ist für alle gedacht –

Für die Kinder von Mutter Erde!

INHALT

Die Cherokee 9

Der Kalender 17

Die zwanzig Tageszeichen 21

    Schildkröte 22
    Wirbelwind 27
    Feuerstelle 32
    Drache 37
    Schlange 41
    Zwillinge 46
    Hirsch 51
    Hase 56
    Fluss 60
    Wolf 64
    Waschbär 68
    Klapperschlangenzahn 73
    Schilfrohr 78
    Puma 82
    Adler 87
    Eule 92
    Reiher 96
    Feuerstein 101
    Kardinalsvogel 105
    Blume 109

Die dreizehn Zahlen 114

Wie Sie Ihr eigenes Tageszeichen finden 121

Ephemeriden 124

Anhang 159

Die Ani Yunwiya

↳ Der Name bedeutet ⇒ Wahre Menschen ⇐

Die Cherokee

Mit dieser Frage sucht Julia einen Ausweg für ihre unter einem unglücklichen Stern stehende Liebe zu Romeo, dem Spross einer feindlichen Familie, den sie nicht lieben darf, weil er den *falschen* Namen trägt. Die meisten geistigen Traditionen in den unterschiedlichsten Kulturen würden Julias Logik jedoch kaum zustimmen. *Das Volk,* wie sich die Cherokee selbst nennen, würde auf diese Frage eine andere Antwort geben, nämlich: »Dein Name ist alles, die Essenz deines Wesens, dein innerstes Herz, deine Seele.«

Das Volk besteht – streng genommen – nur aus den Sieben Clans der Cherokee, doch in einem weiteren Sinne sind damit alle Völker auf der Erde gemeint. Die Cherokee nennen sich selbst *Aniyunwiya.* Übersetzt heißt dies das *bedeutendste,* das *auserwählte* Volk – eben einfach *das Volk.* Jeder, der sich nicht selbst zu den Cherokee zählte (Fremde, Feinde?), wird einfach als jemand vom *anderen* Volk betrachtet.

Als die Cherokee 1540 von Hernando DeSoto entdeckt wurden, waren sie ein matriarchal und matrilinear* organisiertes Volk, das in sieben Clans aufgeteilt war. Die Frau gehörte mit all ihren Kindern (männliche und weibliche) zu ihrem eigenen Clan. Der Vater der Kinder zählte nicht einmal zu den Blutsverwandten. Er gehörte zum Clan seiner Mutter. Söhne und Töchter erhielten zu ihrem Eigennamen den Namen der Mutter. Dies drückte sich meist in der Formel aus: »dessen/deren Mutter ... ist«. So

---

* in der Erbfolge der Linie der Mutter folgend

mochte sich jemand beispielsweise mit folgenden Worten vorstellen: »Ich bin *Galagina* (der Bock), Sohn von *Oganunitsi* (Igelmutter).« Oder: »Ich bin *Galagina*, dessen Mutter *Oganunitsi* ist.« – Wird ein Kind durch den Namen des Vaters identifiziert, ist dies ein sicheres Anzeichen einer patriarchalen Kultur. Bei den Cherokee gibt es auch folgenden Witz: »Wir wissen zwar, wer deine Mutter ist, aber der Name deines Vaters bleibt ein Geheimnis.« Und eine weit verbreitete Volkserzählung besagt, dass alle Kinder letztlich von Großvater Mond abstammen. Diese hübsche Vorstellung bedeutet nicht, dass die Cherokee nicht wissen, woher die kleinen Kinder kommen, man könnte sie eher mit der im Westen verbreiteten Legende vom Klapperstorch vergleichen. Natürlich glauben nur die Kinder an diese Geschichte. Einige behaupten auch, sie seien aus einem Kohlblatt geboren worden. Ich persönlich betrachte mich immer als Kind einer Lilie.

Zu jener Zeit wurde der Name jedes Kindes noch mit Hilfe des Heiligen Venuskalenders gefunden. Der Taghüter, ein Schamane, berechnete mit Hilfe des Kalenders den Namen des Kindes und ließ ihn durch die Hebamme der Mutter mitteilen. Diese musste darauf achten, dass die Mutter ihr Kind sofort mit diesem Namen ansprach und es mit der eigenen Milch taufte. Jene Zeremonie fand unmittelbar nach der Geburt statt, noch bevor das Baby seinen Klaps auf den Hintern erhielt. Stirbt ein Kind nämlich ohne Namen, so geht es für immer im unermesslichen Raum des Universums verloren. Ich gebe zu, dass sich diese Geschichten anhören, als seien sie direkt dem Reich der Fabel entsprungen, aber das ist keineswegs der Fall. In vielen Kulturen gibt es ähnliche Glaubensvorstellungen. Auch das Christentum ging (und geht) davon aus, dass ein nicht getauftes Kind sofort in die Hölle kommt. Daher darf ein solches Kind auch nicht in geweihter Erde bestattet werden.

Der Cherokeename jeder Person war etwas äußerst Heiliges. Daher musste er auch geheim gehalten werden. Als die erste Volkszählung in Amerika auch uns Cherokee zu erfassen suchte, stieß dies auf Probleme, weil die Menschen unseres Stammes ihren ganzen Namen nicht enthüllen wollten. Die meisten gaben ihn nur unter Androhung harter Gefängnisstrafen preis. Schließlich fand man einen Kompromiss: Jeder Cherokee erhielt einen englischen Namen, den er ausdrücklich annahm, sodass der

Volkszähler ihn in seine Liste eintragen konnte. Daher heißen heute viele Cherokee offiziell Boudinot, Bushyhead, Rogers oder Smith. Durch ein Missverständnis allerdings bekamen manche den Mädchennamen ihrer Mutter. Für die Cherokee war dies kein Problem, nur der Namen-Übersetzer konnte irgendwann einmal die einzelnen Personen nicht mehr auseinander halten.

Die Cherokee konnten ihren Cherokeenamen auch ändern, allerdings nur in einer extra dafür vorgesehenen Zeremonie. Nötig war dies beispielsweise, wenn die Medizinfrau sagte, dass eine bestimmte Krankheit unweigerlich einen tödlichen Verlauf nehmen würde. Als letzten Ausweg änderte man dann den Namen des Patienten. Der alte Name starb mit der Krankheit, während die Person mit dem neuen Namen weiterlebte. Solche Praktiken kommen auch in anderen Kulturen vor. Ein asiatischer Student erzählte mir einmal, dass sein Vater etwas Ähnliches erlebt habe. Man hatte ihm nur noch eine begrenzte Lebenszeit vorausgesagt, doch nachdem er einen neuen Namen erhalten hatte, erreichte er gesund ein hohes Alter.

Stirbt eine Person, so stirbt mit ihr auch der Name. Nach dem Tod des Menschen darf dieser Name nicht mehr ausgesprochen werden, da man den Geist des Verstorbenen sonst auf der Erde zurückhält und dieser in der materiellen Welt herumspukt. Der Geist eines Menschen muss losgelassen werden – nach Recht und Gesetz *(duyugdun)*. Nur so kann er den *Weg* betreten und so sein eigenes Schicksal erfüllen. Wird der Name allerdings an einen anderen Menschen weitergegeben, so ist das Tabu damit gebrochen.

Die Cherokee und die Sterne

Ein ganz wesentlicher Teil der Glaubensvorstellungen der Cherokee ist die Auffassung, dass alles auf dieser Erde die irdische Reflexion eines Sterns ist. Das betrifft nicht nur Menschen und Tiere, sondern auch Flüsse, Steine, Bäume und Blumen. Insofern haben die Sterne und Konstellationen für die Cherokee eine besondere Bedeutung.

Beispielsweise ist der Nordstern, der Polarstern, der Herr des Tanzes. Rund um ihn vollziehen die Himmel in einem Zyklus ohne Ende ihren heiligen Tanz. Wer jemals einen der Stampftänze der Cherokee gesehen hat, weiß, dass die Tänzer alle einen weiten Kreis um das Feuer bilden. Im Kreis wechseln sich immer ein männlicher und ein weiblicher Tänzer ab, wobei die weiblichen *Turtle Shaker*, die eine Schildkrötenrassel tragen, den Anfang der Linie bilden. Die Schlange der Tanzenden zieht sich dann spiralig um das Feuer. Die bedeutendsten Persönlichkeiten der Cherokeegesellschaft stehen immer am Anfang, die weniger bedeutenden folgen nach. Kinder und Erstlingstänzer tanzen ganz am Ende, wo sie am weitesten vom Feuer entfernt sind. Genauso bewegen sich nach Ansicht der Cherokee die Sterne um den Herrn des Tanzes.

Nicht alle Cherokeetänze bilden die Form des Kreises nach. Für die meisten allerdings, vor allem die sozialen Tänze, ist der Kreistanz grundlegend. Der Ameisentanz und der Booger Dance (ein winterliches Maskenritual) beispielsweise folgen einem anderen Muster, aber trotzdem sitzen die Zuschauer in einem Kreis rund um die Tänzer.

In der Mythologie der Cherokee gibt es zwölf Winde. Ihre Namen sind: Kolibri, Würger, Lerche, Wachtel, Strandläufer, Specht, Fledermaus, Reiher, Möwe, Amsel, Rotkehlhüttensänger und Rotschwalbe. Auch sie tanzen alle zusammen im Kreis. Zu jedem Vogel (Wind) gehört ein Stern in einem der zwölf Tierkreiszeichen, die auf der Ekliptik liegen. Der 13. Vogel ist der Leittänzer – die Waldschnepfe oder *Agalu'ga*, der Wirbelwind. Er ist auf Coma Berenices zu Hause, dem Nordpol unserer Galaxie.* Die Konstellation Draco (zu der der Große und der Kleine Bär gehört) heißt bei den Cherokee *Ukte'na*, was ebenfalls Drache bedeutet. Er bewacht den Polarstern, den magischen Kristall der Cherokeemythologie. Der Kleine Wagen ist das Beil aus meteoritischem Eisen, mit dem der Herr des Tanzes das Schicksal der Erde formt.

Die Milchstraße wird auf der Erde vom Mississippi, dem *Langen Mann*, verkörpert. Daher heißt sie bei den Cherokee *der Fluss*. Am Himmel ist er der Fluss des Todes (oder: Pfad der Seelen), auf Erden aber der Fluss des Lebens. Nach dem Tod wan-

---

* Um die Achse dieses »Nordpols« dreht sich unser Sternensystem in einer Umlaufzeit von etwa 225 Millionen Jahren.

dert jede Seele die Milchstraße entlang und kommt dabei an *Agise'gwa*, der Großen Mutterhündin, vorbei. Sie wird repräsentiert von Sirius, dem Hundsstern. Am Ende des Pfades der Seelen müssen wir *Wa'hyaya'* passieren, den Großen Mutterwolf, der von Antares repräsentiert wird. Wer diese beiden nicht günstig stimmen kann, bleibt für immer im Kreislauf von Ebbe und Flut gefangen. *Agise'gwa* und *Wa'hyaya'* erfüllen damit dieselbe Rolle wie Anubis und Upuaut, die beiden Schakalgötter der ägyptischen Jenseitswelt.

Alle Hunde sind letztlich nichts anderes als gezähmte Wölfe. In unseren ältesten Mythen waren Sirius und Antares die Wolfssterne. Doch da uns Hunde schon seit so langer Zeit auf unserem Weg begleiten, haben sie in der Mythologie der Cherokee die Wölfe ersetzt. Eine der wenigen Vorstellungen, die aus dem kultischen Wissen der Cherokee in letzter Zeit nach außen gedrungen sind, ist jene, dass die Milchstraße der Ort sei, »an dem der Hund rennt«. Allerdings benutzte man statt des Wortes *Hundsstern* damals noch die Bezeichnung für einen echten Hund. Veränderungen wie diese geschehen seit Jahrtausenden. – Sirius ist heute der Hundsstern und Antares gilt als Auge des Skorpions. Die Tageszeichen unseres Kalenders aber sind älter als das Bild von den Hunden.

Das Kreuz des Nordens ist bei uns der Baum des Lebens, der sich über den Fluss der Milchstraße beugt. Darüber hängt der Stern Deneb, den wir *Guwi'sguwi* nennen, Reiher. Der Reiher ist der Große Vogelgeist bei den Cherokee, dem ägyptischen Phönix vergleichbar. Die Legende berichtet, dass eine wunderschöne Frau (der Heilige Reiher) vom Baum des Lebens auf das Himmelsgewölbe hinabstürzte. Da auf dem Urmeer keine feste Stelle war, wo sie hätte landen können, tauchte die Schildkröte aus dem Meer auf und fing sie so mit ihrem Rücken auf. Die wunderschöne Reiherdame baute dort ihr Nest und legte das Kosmische Ei, aus dem alles Leben auf Erden kam.

Die Schildkröte, *Dak'si*, sehen wir in den drei Sternen des Oriongürtels. Sie trägt die Schildkröteninsel (Nordamerika) auf ihrem Rücken. Alnitak, einer der drei Sterne, repräsentiert das Kosmische Ei der Cherokee, den Ort, an dem im niemals endenden, zyklischen Fluss der Zeit regelmäßig die neue Welt entsteht – nachdem die alte untergegangen ist.

Weiter unten an dem großen Fluss der Milchstraße finden wir Serpens, die Verkörperung der Großen Schlange, *Do'tsi.* Und:

*Der Regenbogen ist die Zunge
der Großen Himmelsschlange,
wenn sie den Regen aufleckt.**

Den Großen Wagen kombiniert die Mythologie der Cherokee mit vier Sternen aus dem Sternbild Bootes, um daraus den Bären zu formen (der Wagen des Großen Wagen), der von den Sieben Jägern, *Ani'kana'ti,* gejagt wird. Die Jäger sind die drei Sterne vom Griff des Wagens: Rotkehlchen, Eichhörnchen (mit einem Topf, in dem der Bär gekocht wird) und Bussard. Aus der Bootes-Gruppe kommen dazu: Taube, Eichelhäher, Eule (Arctur) und Sperling. Der Sperling ist der Letzte und bekommt nur noch die Reste ab. *Yona,* der Bär, kommt zeitig im Frühjahr aus seiner Höhle, *Usta'galuni* (Corona Borealis) und die Sieben Jäger folgen ihm nach. Dies spielt sich Jahr für Jahr in derselben Form ab, denn die Cherokee haben Bären gejagt, solange sie denken können. Bärenfleisch galt als einzigartige Delikatesse. Die Plejaden sind die Sieben Jünglinge, *Anitsutsa,* die das Tanzen mehr lieben als das Essen. Sie sind verantwortlich für Aussaat und Ernte. Nach den Plejaden richtet sich bei den Cherokee auch der Beginn des neuen Jahres, ebenso wie der Anfang der Aussaat im Frühjahr. Manchmal nennt man sie auch die *Vierhundert Jungen.* Da sie in Wirklichkeit aus einigen Tausend Sternen bestehen, drängt sich die Frage auf, weshalb zu ihrer Repräsentation ausgerechnet die Zahlen 400 und 7 gewählt wurden. Vielleicht steht die Sieben für die Gesamtheit dessen, was ist, immer und überall.

*Diese vier:
Osten, Norden, Westen, Süden –
mit dem Geist in der Höhe und der Erde tief unten,
und mittendrin der Mitte des Seins –
zusammen macht dies Sieben.***

---

* Zit. aus: *Ravensong,* Buch und Kassette von Raven Hail.
** Zit. aus: *Ravensong* von Raven Hail.

Die Schöpfungsmythen der Cherokee berichten, dass *das Volk* ursprünglich von den Plejaden kam, genauer gesagt von Alkyone, dem hellsten Stern der Gruppe. Seltsamerweise taucht in jüngster Zeit in wissenschaftlich-astronomischen Kreisen hin und wieder die Theorie auf, dass Alkyone das Zentrum des Universums sei, aber diese Idee hat bisher noch keine breite Zustimmung gefunden. Vielleicht wird ja die astronomische Forschung letztendlich derselben Meinung sein wie die Cherokee. Im Sonnenkalender der Cherokee entspricht der Plejaden-Monat dem November, genauer gesagt der Zeit vom 23. Oktober bis zum 21. November. Die klassische Astrologie siedelt hier das Zeichen Skorpion an. (Obwohl sich das Zeichen etwa alle 2000 Jahre verschiebt.)

Die Bewegung der Himmelskörper wurde auf der Erde im Ballspiel bei Vollmond nachgebildet, wobei der Ball für den Mond stand.

Ein weiterer Stern, der Dämonenstern der Cherokee, *Noqui'si Sheena*, ist Algol (Stern im Perseus). Er blinzelt immer zur Erde hinunter, um dort sein entschwundenes Liebchen zu suchen.

Venus, der Große Gehörnte Hase, heißt bei uns auch Zwillinge, da sie ein perfektes Abbild der dualen Polarität des gesamten Lebens ist: Sie erscheint als Abend- und als Morgenstern. Andere Repräsentationen der Dualität sind: die Heldenzwillinge, Schilfrohr und Feuerstein (repräsentiert von *Chaga'see* und *Chawa'see,* d. h. Castor und Pollux im Sternbild Zwillinge), außerdem der Medizinmann, der den Kardinalsvogel, Tochter der Sonne, aus dem dunklen Land von *Gunesun'ee* (Holzkasten bzw. das Sternbild Zwillinge) zurückbrachte, und nicht zuletzt die Trommel mit dem Trommelstock, und Bruder und Schwester des »Kleinen Volkes« der Elfen und Kobolde, die in der Cherokeemythologie eine große Rolle spielen.

Kometen, Meteoriten und Supernovas nannte man *Feuerpuma,* weil sie wie der Puma Feuer atmen. Außerdem galten sie als Vorboten des Unheils. Ein Meteoritenregen kündigte im Jahr 1833 den Marsch der Tränen an, bei dem die Cherokee aus ihrem Stammland in Tennessee ins Reservat nach Oklahoma ziehen mussten. Über allem aber steht die Große Göttin, *Ghigau,* die Rote Frau, das heißt die Sonne und ihr zweites Ich, das Feuer. Ihr heiliges Tier ist der Puma, ihr Vogel die Taube. Und ihr Prinzgemahl ist Großvater Mond mit seinem *alter ego,* dem Fluss. Seine Söhne sind die Zwei Kleinen Roten Männer des Donners, sein Tier der Wolf, sein Vogel der Rabe.

Die Cherokee glaubten, dass die Seele nach dem Tod hinauf ins Himmelsgewölbe fliegen würde, um dort als Stern am Himmel zu scheinen. Da jeder Mensch die irdische Reflexion eines Sterns ist, sein Schatten, seine Emanation, hat auch jeder Mensch einen eigenen Platz am Himmel. Der Tod wird symbolisiert durch das Untergehen der Sonne im Westen. Sie betritt die Anderswelt der Nacht und bleibt dort, bis es Zeit ist, einem anderen Tag ihr Licht zu schenken.

DER KALENDER

Der Heilige Kalender der Cherokee ist ein Venuskalender von 260 Tagen: 20 individuelle Tageszeichen und 13 Zahlen (20 x 13 = 260). Dies ist keineswegs die Zeit, welche die Venus braucht, um die Sonne zu umrunden. (Das wären ungefähr 225 Tage, wenn Sie sich auf dem Planeten Venus befänden, und circa 584, wenn Sie auf der Erde sind.) Ich benutze hier die Zahl der Tage, die von der Erde aus berechnet wurden, denn ich kenne niemanden, der auf der Venus wohnt.

Die Venus erscheint etwa 260 Tage lang als Morgenstern, dann wieder ungefähr 260 Tage lang als Abendstern. Dies entspricht etwa der Zeit, in der ein menschlicher Fötus während der Schwangerschaft heranreift. Ich finde es interessant, dass in der Natur alles immer »etwa«, »circa« oder »ungefähr« ist. Nichts ist einfach nur eine glatte Zahl und damit Schluss. Die Erde zum Beispiel braucht 365,2422 Tage, um die Sonne zu umrunden. Aber auch dies ist nur ein ungefährer Wert.

Der Mond braucht für eine Erdumkreisung etwa zwischen 27 und 30 Tagen, je nachdem ob man sie von der Erde, dem Sonnensystem oder den Sternen aus betrachtet.

Das Sonnenjahr der Cherokee beginnt, wenn die Plejaden genau im Osten stehen, dies wird aber erst am ersten Neumond danach gefeiert, also gewöhnlich etwa um den 1. November. Die Plejaden erreichen den höchsten Punkt am Himmel (wo wir sie um Mitternacht direkt über uns sehen) etwa Mitte November. Auch dies ist ein wichtiges Datum, das vom Leoniden-Meteoritenschauer, der jedes Jahr um diese Zeit herniedergeht, wie ein Feuerwerk begleitet wird.

Wenn die Plejaden ihren westlichsten Punkt erreichen, etwa um den 1. Mai herum, ist die Zeit der Aussaat gekommen. Und der Termin für den Grünmaistanz, der Ende Juli oder Anfang August stattfindet, hängt vom ersten Neumond nach diesem Ereignis ab. Den Venus-, den Sonnen- und den Mondkalender in

Einklang zu bringen und einen günstigen Tag für das Neumond-
fest zu bestimmen war Aufgabe des Taghüters. Zu diesem Zweck
verrückten sie die Festtage hin und wieder ein wenig, doch
schließlich ist es auch heute so, dass Schulferien selten an dem
betreffenden Festtag beginnen, sondern meist am Montag oder
Freitag davor.
Dies sind die 20 Tageszeichen:

Schildkröte	Dak'si	ᏗᏍᏫ
Wirbelwind	Agalu'ga	ᎠᏍᎹᏍ
Feuerstelle	O'ya	ᎤᏩ
Drache	Ukte'na	ᎤᏍᏁᎾ
Schlange	Do'tsi	ᎥᎧ
Zwillinge	Takato'ka	ᏫᏍᎥᏍ
Hirsch	Ahwu'sdi	ᎠᏉᏯᎫ
Hase	Noqui'segwa'	ᏃᏫᎦᏓ
Fluss	Yun'wi Gunnahi'ta	ᏴᎾ ᎬᏃᎠᏫ
Wolf	Kana'ti	ᎤᏎᎫ
Waschbär	Kvh'li	ᎬᏓ
Klapperschlangenzahn	Kanu'ga	ᎤᏓᏍ
Schilfrohr	I'hya	ᎢᎠᏩ
Puma	Saho'ni	ᎱᏆᏏ
Adler	Uwo'hatli	ᎤᏪᎤᏟᏓ
Eule	U'guku	ᎤᏥᏥ
Reiher	Guwi'sguwi	ᏓᎦᏬᏓᎦ
Feuerstein	Dawi'sgala	ᏗᎦᏬᏍᏫ
Kardinalsvogel	Totsu'hwa	ᎥᎫᎦ
Blume	Gun'tsi	ᎬᎧ

Oben – Osten

Die Tage bewegen sich im Kreis – ohne Anfang und ohne Ende. Daher behalten sie diese Beziehung zueinander immer bei, wie sie im obigen Kreis beschrieben wird. Normalerweise wird der Kreis mit dieser Ausrichtung gezeichnet. Ganz oben steht der Osten, denn die Cherokee suchen immer nach Erfolg und Glück – egal in welcher geografischen Richtung. Die Zeiträume werden gewöhnlich nach dem letzten Tag der Periode benannt, anders als wir es heute tun, nämlich indem wir sie nach dem ersten Tag benennen und dieser Position so die größere Wichtigkeit verleihen. Zum Beispiel ist hier *Blume* das letzte Zeichen. Im Denken der Cherokee hat es also die größte Bedeutung. Es umschließt alles vorher

19

Genannte. Das Zeichen *Blume* steht für die Sonne selbst und für alle Tageszeichen.

Der Reiher steht im Zentrum, obwohl auch er einen Platz im Zyklus der Tageszeichen hat, denn zeitweise leben wir in der Welt des Reihers – dieses spezielle Zeichen steht für die Mitte des Seins.

Wenn die neue Sonne erscheint, also eine neue Welt bzw. ein neues Zeitalter beginnt, wird dieses mittlere Zeichen durch ein anderes ersetzt. Das muss nicht unbedingt das nächste Zeichen sein, was hier Feuerstein wäre; denn die Linie der Weltenfolgen ist weit komplizierter als die der Tageszeichen.

Die 20 Tageszeichen sind entgegen dem Uhrzeigersinn angeordnet. Folgt man ihnen von Anfang bis zum Ende, dann bewegen sie sich synchron zur Erdrotation. Auch der Zeremonialtanz rund um das Feuer der Mitte erfolgt in derselben Richtung, die Tänzer stehen mit dem Gesicht zur aufgehenden Sonne. Deren Erscheinen am Morgen setzt den Tänzen ein Ende und gibt das Signal für die darauf folgende Wasserzeremonie.

Ein lunarer Tag (die Zeit, in der sich der Mond um die eigene Achse dreht) umfasst 13 Sonnentage (d. h. das, was wir gewöhnlich als einen Tag bezeichnen). Ein lunarer Monat (die Zeit, die der Mond – von der Erde aus gesehen – braucht, um einen bestimmten Stern wieder zu erreichen) umfasst 28 Sonnentage. Ein Venusjahr hat etwa 260 Sonnentage. Ein Sonnenjahr umfasst 360 mittlere Sonnentage (wie der Kreis, der 360 Gradeinteilungen hat) plus 5 oder 6 solare Tage, bis zu dem Zeitpunkt, an dem die Plejaden ihren östlichsten Punkt am Himmel erreichen. Ein Mondjahr hingegen hat … lassen Sie mich nachdenken … Vielleicht verschieben wir das doch besser auf morgen!

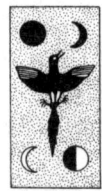

DIE ZWANZIG TAGESZEICHEN

Schildkröte – Dak'si
ᏓᏍᏏ

Himmelsrichtung: Osten – Kreative Ausrichtung auf die Zweierbeziehung, persönliche Ebene, Einsamkeit, Morgendämmerung, Erwachen, Geburt.
Symbol: Schildkröteninsel (d. h. Nordamerika)
Farbe: Burgunderrot – der Wein des neuen Lebens
Stein: Perle
Element: Wasser
Blume: Rote Bechermalve (Lavatera trimestris)
Pflanze: Kriechheide (Ajuga reptans)

Dem Tageszeichen Schildkröte entspricht am Himmel das Sternbild des Orion. Einer seiner drei Sterne gilt als das *Kosmische Ei*, aus dem die Welt schlüpft. Zu Anbeginn jedes neuen Zeitalters (von denen es bisher drei gab) erscheint es mit der aufsteigenden Sonne und kündet die Erschaffung einer neuen Welt an.

Unsere Vorfahren erzählen, dass einst ein Stern vom Himmelsgewölbe fiel. Er stürzte und stürzte, und stürzte auf die hohen Wellen des Ur-Ozeans zu. Da kam die Schildkröte aus den Tiefen des Wassers und ließ sich auf der Oberfläche des Ozeans treiben, damit der Stern einen Platz zum Landen hatte. Dann begann der Rücken der Schildkröte zu wachsen und immer stärker zu wachsen, bis er schließlich zur Schildkröteninsel geworden war – Nordamerika. Der Stern war das Kosmische Ei, aus dem alles Leben auf der Erde hervorgegangen ist. Daher wird die Schildkröte häufig mit Mutter Erde gleichgesetzt – der Wiege des Lebens.

Die Stärke dieses Tageszeichens liegt in der Kreativität. Und es deutet auf eine Person hin, die sich zwischen Raum und Zeit bewegt, aber trotzdem gut zentriert und sehr beständig ist. Ein unter diesem Zeichen geborener Mensch sieht in die Tiefen der dunklen Welt unter der unseren, durch den Schleier des Unbewussten hindurch, tief hinein in das Geheimnis des Geistes, aus dem alles Leben kommt.

Die Schildkröte vermag lange Zeit reglos zu verharren, sogar wenn sie geschubst wird, bewegt sie sich nicht. Die unter diesem Tageszeichen Geborenen sehen sich eine Sache lieber zweimal an, bevor sie sich für etwas entscheiden. Bei größeren Richtungsänderungen überlegen sie lange Zeit; aber sie verlieren ihre Zeit nicht mit Zweifeln, denn jede Handlung wird als das eingeschätzt, was sie ist, abhängig vom Maß der erforderlichen Energie.

Da es so eng mit der Erde und ihren Schätzen verbunden ist, ist dieses Zeichen sehr an allen materiellen Dingen interessiert. Schildkröten-Menschen lieben es, gut zu essen und zu trinken. Manchmal wird dies sogar zum Hauptbestandteil ihres Lebens. Schildkröten-Menschen sind häufig exzellente Köche, die die Kunst des Tafelns zu absoluten Höhepunkten führen. Sie machen vielleicht aus ihrem Gourmetdasein einen Beruf, werden Fernsehkoch oder Küchenchef in einem berühmten Restaurant. Auch in allen Pflegeberufen sind sie gerne gesehen: Sie helfen, nähren und schützen im Dienst am anderen. Schildkröten-Menschen finden sich deswegen häufig als Leiter oder Gründer gemeinnütziger Organisationen.

Als Befehlsempfänger sind sie weniger geeignet. Daher fühlen sie sich an der Spitze eines kleinen Unternehmens wohler als in untergeordneter Position in einem weltumspannenden Konzern. Können sie ihren eigenen Ideen folgen und sie umsetzen, dann sind sie erfolgreich. Teamarbeit liegt ihnen weniger. Und trotzdem kümmern sie sich gern um andere, und zwar nicht nur in ihrer unmittelbaren Umgebung, sondern durchaus mit dem Anspruch, allen Mitmenschen zu helfen.

Dieses Zeichen ist die perfekte Verkörperung des Prinzips der Trägheit: Es bleibt in Ruheposition bis zum Augenblick der Aktion. Und es bewegt sich so lange in den alten Bahnen, bis eine Kraft von außen eine Veränderung bewirkt. Das ist typisches Cherokeeverhalten. In unserer Sprache gibt es ein Suffix, das man ans Verb anhängt und das so viel bedeutet wie: »Ich bin gekommen, um dies zu tun; ich tue es jetzt und werde es weiterhin tun, bis mich etwas daran hindert.«

Schildkröten-Menschen sind ehrlich, verlässlich, effizient, tapfer – positive Persönlichkeiten. Sie haben *Schneid,* und sie besitzen die geistige und körperliche Kraft, für ihre Überzeugungen einzustehen. Sie sind stark wie der Felsen von Gibraltar und rühren sich nicht von der Stelle. Ein Fels auf solidem Grund mitten in der wirbelnden Brandung unserer modernen Welt.

Der Erwerb von Reichtum fällt ihnen leicht und für gewöhnlich verlieren sie ihn nicht wieder. Sie sind ausgesprochen sicherheitsbedürftig und wollen immer ein Dach über dem Kopf haben. Ohne Ersatzsehne für den Bogen verlassen sie ihre Hütte erst gar nicht. Das Risiko lieben sie nicht – sie setzen nur auf absolut sichere Dinge. Sie neigen zur Körperfülle, daher wird auf sie häufig das böse Wort vom »Geldsack« angewandt.

Unter dem Zeichen der Schildkröte Geborene brauchen ihre Privatsphäre. Sie reagieren allergisch, wenn man versucht, sie anzutreiben. Und sie werden nicht gerne herumgeschubst, wie dies beispielsweise in einer Menschenmenge geschieht. Meist sind sie eher introvertiert, und wenn sie gestört werden, ziehen sie sich in ihren Panzer zurück. Ärgert man sie gar, dann machen sie vollkommen dicht.

Ihre Intuition ist stark. Über ihre gut entwickelten mütterlichen Instinkte hinaus scheinen sie auch noch gute Antennen für übersinnliche Wahrnehmungen zu haben. Alles, was mit Kontemplation oder Orakel zu tun hat, zieht sie an, ebenso wie neue wissenschaftliche Erkenntnisse, ob sie nun echter Forschung oder Sciencefictionromanen entstammen. Folgen Schildkröten-Menschen ihrem innersten Gefühl, dann sind sie mit großer Wahrscheinlichkeit erfolgreich, ein lebendiger Beweis dafür, dass Genie zu 10 Prozent aus Inspiration und zu 90 Prozent aus Schweiß besteht. Stimmt ihre Motivation, dann versetzen sie wahrlich Berge.

Die harte Schale soll ihre zartesten Gefühle vor dem beschützen, was sie als grausame Welt sehen. Wenn der äußere Druck wächst, braucht die Schildkröte einen Ort, an den sie sich zurückziehen kann. Sonst wird sie zur unangenehmen Klette und die anderen ziehen sich automatisch von ihr zurück – sogar inmitten einer Menschenmenge.

Die Schildkröte ist eine Manifestation des weiblichen Prinzips im Universum. Zu ihr gehört das friedliche Leben in einem Dorf auf dem Lande. Bei den Stampftänzen der Cherokee dürfen nur Frauen die Rasseln aus dem Panzer der Sumpfschildkröte tragen. Sie nennt man dann die *Turtle Shakers*. Sie tanzen direkt um das Feuer (ebenfalls weiblich). Dabei stehen immer ein Mann und eine Frau nebeneinander. Sie bewegen sich entgegen dem Uhrzeigersinn, also entgegen der Sonnenbewegung, und stampfen dabei mit den Füßen auf die Erde, was einen tiefen, ungeheuer beruhigenden Ton erzeugt. Schildkrötenpanzer (auch von Sumpfschildkröten) werden übrigens von Medizinfrauen und -männern auch dazu benutzt, Kräutermedizin aufzubewahren, die man für Heilrituale braucht.

Die unter dem Zeichen der Schildkröte Geborenen werden manchmal für »Lotusesser« gehalten, die ihr Leben verträumen und nie etwas zustande bringen. Das ist falsch. In der Fabel von der Schildkröte und dem Hasen ist es nicht der blitzschnelle, selbstsichere und prahlerische Hase, der das Rennen gewinnt, sondern die langsame, ausdauernde Schildkröte mit ihrer einsgerichteten Bulldoggenmentalität.

Schildkröte ist das Zeichen der universellen Einheit. Sie steht für das »ex pluribus unum«, d. h. »aus der Vielfalt kommt das Eine«, das Motto, das die Fahne der Vereinigten Staaten trägt. Es ist die Quelle, der Anbeginn, die Schöpfung. Im Kreislauf des Lebens folgt es dem Ende, daher verkörpert es auch die Wiederauferstehung oder das ewige Leben.

Der Schattentanz

Es gibt eine Macht im Universum, die auf jeden einwirkt, ob der Betreffende nun daran glaubt oder nicht. Wenn man auf Knien im Abgrund der endlosen Nacht liegt, dann ist es der Glaube an diese Kraft, der uns aufstehen und weiter vorwärts gehen lässt – sogar wenn rundherum alles so dunkel scheint, dass man die Hand vor Augen nicht wahrnimmt. Daher ist der Verlust des Glaubens wahrlich eine Katastrophe.

Das Schildkröten-Zeichen neigt dazu, übermäßig beschützen zu wollen und schreckt dabei auch vor Herrschaftsansprüchen nicht zurück. Dadurch verstrickt es sich immer wieder in Machtkämpfe.

Der Schildkrötengeborene ist meist zu stolz, um Hilfe anzunehmen. Natürlich liegt mehr Segen im Geben als im Nehmen. (Außerdem macht es auch mehr Spaß.) Doch wenn man anderen etwas gibt, was man selbst nicht würde haben wollen, haben wir nicht wirklich gegeben. Lernen Sie also, mit Würde zu empfangen. Und klar zu sagen, was Sie wollen oder brauchen.

Und beachten Sie: Zwischen Meditation und Traumtänzerei gibt es einen Unterschied. Bei letzterem schleichen sich leicht Ungeduld, Faulheit und Trägheit ein.

Wirbelwind – Agalu'ga
DSMS

Himmels-richtung:	Norden – ein Forschergeist, Lernen, Üben, Lehren.
Symbol:	Eine spiralig aufsteigende Doppelhelix aus Rauch
Farbe:	Rauchblau (brennender Salbei)
Stein:	Tigerauge (erwacht durch Bewegung zum Leben)
Element:	Luft
Blume:	Margerite (Chrysanthemum coccineum)
Pflanze:	Salbei (Salvia officinalis)

Am Firmament erkennen wir den Wirbelwind, den Herrn des Tanzes, im Polarstern, um den sich im niemals endenden Tanz die Himmel drehen. Der Wirbelwind (oder die Waldschnepfe) ist der 13. Vogel, Agalu'ga, der Leittänzer der Vögel (Tänzer), die den zwölf Winden gleichgesetzt sind. Jeder wird von einem Stern entlang des Sonnenpfades durch den Tierkreis symbolisiert. Der Wirbelwind gehört zu Coma Berenices, dem Sternbild, in dem der Nordpol unserer Galaxie liegt. Die Sterne spiegeln das große Rad des Lebens wider.

Der Wind ist der Atem des Universums, der Kommunikationskanal zwischen Himmel und Erde. Er trägt den Heiligen Rauch zum Großen Geist und öffnet den Weg zu universellem Bewusstsein. Der Wirbelwind bewegt sich vor- und rückwärts, rundherum und drüber hinweg, dort etwas aufnehmend und es andernorts wieder fallen lassend. Man könnte ihn auch *CWW* nennen, das Cosmic Wide Web, ein Netzwerk, das sich durch den gesamten Kosmos spannt.

Im Rhythmus mit dem Herzschlag von Mutter Natur:
Einatmen – der Kosmos dringt in uns ein.
Ausatmen – der Kosmos zieht sich zurück.

Im Aus- und Einatmen geben und empfangen wir die Essenz des Universums. Das Leben beginnt mit dem ersten Atemzug und endet mit dem letzten.

Der unter diesem Tageszeichen Geborene ist ein Kommunikationskanal, eine Person, die Informationen sammelt und sie in Umlauf bringt. Wirbelwind-Menschen sind sich des breit gefächerten Lebenspanoramas jederzeit bewusst. Sie sind geistig wach und verfügen über eine gute Beobachtungsgabe. Stets nach außen gerichtet nehmen sie alles auf, was in ihr Blickfeld gerät. Den Fundus an grundlegender Information würzen sie noch mit Phantasie und Vorstellungskraft.

Doch diese Menschen sind auch wurzellos wie der Wind und unvorhersehbar wie das Wetter. Sie können schnell und zerstörerisch sein wie ein Tornado, der eine Schneise in die Prärie schlägt und dabei alles bis auf den Grund niedermacht. Nur Keller und Brunnen bleiben davon verschont. Genauso funktioniert die Persönlichkeit der Wirbelwind-Menschen: Sie können in die Breite gehen, aber nicht in die Tiefe. Dieses Zeichen bringt Wahrheit und Aufrichtigkeit mit sich, so arglos und spontan wie der Wind. Man kann es mit dem Luftzug vergleichen, der Fieber und Kälte bringt, sich dann aber dreht, um die glühende Stirn zu kühlen. Eine Brise kann auch sanft und zärtlich sein, wie der Atem eines Babys, ein geflüsterter Seufzer, das Versprechen eines faulen Tages im Sommer. So vielseitig ist dieses Zeichen – voller Facetten wie ein Diamant und genauso leuchtend.

Der Wind facht verlöschende Glut wieder an, doch kann aus den wärmenden Flammen auch ein tödliches Inferno werden. Luft ist das Leben, der Atem des Feuers. Ohne Luft erstirbt das Feuer. Daher wirkt das Windzeichen durch andere:

Luft beugt den Baum nach ihrem Willen;
Ihre Berührung gleicht der der Weidenrute.
Ihre Stimme klingt wie das Rollen des Donners –
Oder das Schwingen einer Gitarrensaite.
Durch die Flöte singt sie von Liebe und Sehnsucht.
Und den Duft der Rosen trägt sie heran.

Für sich gesehen ist der Wind unsichtbar – geruchlos, farblos, geräuschlos. All diese sinnlich wahrnehmbaren Wunder entstehen nur im Zusammenwirken mit anderem. Was erklärt, weshalb die Wirbelwind-Menschen häufiger als »graue Eminenz« wirken denn als »König der Berge«.

Man nennt dieses Zeichen auch die »Silberzunge«, denn seine Sprache ist fast immer einzigartig und ungewöhnlich. So beruht das Charisma dieser Persönlichkeiten weit weniger auf dem, was sie sagen, sondern darauf, wie sie es sagen. Und dies gilt sowohl für große Reden als auch für die einfache Konversation am Kaminfeuer. Es dient dazu, Aufmerksamkeit zu erlangen.

Die Grenzen zum schriftlichen Ausdruck und jeder anderen Form der kreativen Selbstverwirklichung sind fließend. Daher sind diese Menschen auch für alle Berufe geeignet, bei denen Kommunikation eine Rolle spielt: Sie haben mit dem Gesetz zu tun, mit Lehre und Beratung, mit Werbung, Öffentlichkeitsarbeit oder Nachrichten. Doch gewöhnlich haben diese geschickten, offenen und flexiblen Persönlichkeiten, die sich gerne treiben lassen, immer mehrere Eisen in ebenso vielen Feuern.

Ihre linke Hand weiß immer, was die rechte tut, ist aber viel zu clever, um irgendeine Information darüber laut werden zu lassen. Viele unter diesem Zeichen Geborene ergreifen eine ungeheure Menge von Aktivitäten, die auf den ersten Blick recht unterschiedlich aussehen. Sie können mit einer Vielzahl von Projekten jonglieren, ohne dabei auch nur eines aus den Augen zu verlieren. Das Kaleidoskophafte ihrer Tätigkeiten wirkt auf viele Menschen verwirrend und faszinierend zugleich.

Eine packende Persönlichkeit, offen im Geist, phantasievoll, künstlerisch begabt; der Betreffende sucht sich ganz offenkundig das Beste aus allen Systemen zusammen. Dabei ist der Wirbelwind-Mensch auch noch ein hoffnungslos romantischer Idealist. Er ist zudem modebewusst, fühlt sich aber gleichzeitig von der Vielfalt der Stile angezogen. So beweist sein Outfit meist mehr Informiertheit als Geschmack.

Einige Menschen reagieren stärker auf das, was sie mit dem Auge wahrnehmen, andere auf akustische Reize, wieder andere auf beides. Der Wirbelwind-Geborene ist ein »Augenmensch«. Das bedeutet nicht, dass er schlecht hört, er sieht nur einfach besser. Außerdem sind für ihn körperliches und geistiges Training wichtig, ersteres möglichst nicht in der Turnhalle. Lange Spaziergänge, Wanderungen durch Berg und Tal sind es, die unseren Wirbelwind-Menschen ansprechen. Im Frühling aufbrechende Knospen oder die purpurfarbene Tönung der Blätter im Herbst regen seine Phantasie an. Ein farbenprächtiger Sonnenaufgang, der einen neuen Tag einläutet, ein glühender Sonnenuntergang, der denselben beendet – beides berührt den Wirbelwind-Geborenen zutiefst. Ein Wirbel aus Farnwedeln am Ufer eines Baches könnte beispielsweise der Eingang zum Versteck des Wasserungeheuers sein. Der felsige Auswuchs dort am Höhenkamm sieht aus wie die Heimat der Kleinen Menschen, der Kobolde und Elfen, die in den Höhlen wohnen. Der Wirbelwind-Geborene kann sie sehen – oder zumindest ihre Gegenwart fühlen.

Diese Menschen hören den Felsen zu und umarmen Bäume. Der Wirbelwind steht für die Symphonie vom Heiligen Baum des Lebens, dessen Wurzeln am Nordpol liegen. Sein Stamm ist die Nabelschnur, welche am Polarstern die Erde mit dem Himmel verbindet. Von diesem Ort am Himmel breiten sich die Äste in die Unendlichkeit aus.

Ungehindert lässt sich der Vogel vom Aufwind tragen und lernt so die Freiheit kennen.

Der Schattentanz

Der Wirbelwind-Geborene sollte sich nicht zum Sturm-im-Wasserglas-Typen entwickeln. Seine Aufgabe ist es, wie ein echter Tornado zwei Kraftlinien zu entwickeln, die emotionale und die körperliche Kraft. Die Qual der Wahl führt bei diesem Typ häufig dazu, dass er sich nicht entscheiden kann und schließlich gar nichts tut. Doch der Wirbelwind-Geborene sollte sich von den Strömungen treiben lassen und die dargebotenen Gelegenheiten bereitwillig beim Schopf packen, damit sie nicht ungenutzt vorübergehen. Er sollte die Hand ausstrecken und zupacken, aber nicht wie ein gieriges kleines Kind, das mit seinem Griff die zarten Flügel des Schmetterlings zerquetscht, weil es ihn unbedingt haben will.

Dieses Zeichen gerät leicht aufs hohe Ross, wo es sich dann zur Jagd nach dem Unsichtbaren aufmacht, gegen Windmühlen kämpft, das Ende des Regenbogens sucht und seinen unmöglichen Träumen nachsetzt. Das Streben nach Perfektion führt immer zu Unsicherheit, Selbstzweifel, geistiger Verwirrung und Überforderung, die Stück für Stück die schwache Stimme der Vernunft überdecken.

Lauschen Sie dem Wind – er wird Ihnen ein Lied erzählen, das Lied der Wahrheit.

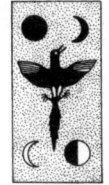

Feuerstelle – O'ya

ᏃᏩ

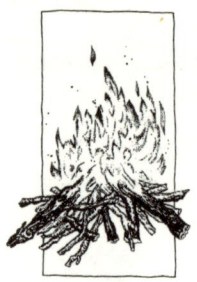

Himmels-richtung:	Westen – Gefühle, Emotionen, Beziehungen; persönliche Sicherheit.
Symbol:	Feuer in einer Grube in der Mitte des Zeltes
Farbe:	Samtschwarz
Stein:	Granat
Element:	Erde
Blume:	Kokardenblume (Gaillardia pulchella)
Pflanze:	Wilder Ingwer (Zingiber officinale)

Das der Feuerstelle entsprechende Zeichen am Himmel ist eine Gruppe von drei Sternen im Sternbild Orion, die ein Dreieck bilden: Alnitak (der am tiefsten stehende Stern des Oriongürtels), darunter Saiph und rechts davon Rigel. Der Orionnebel (M42) in der Mitte des Dreiecks ist das Herdfeuer.

Als die Welt von Feuer zerstört wurde, verbarg sich das *Volk* in Höhlen unter der Erde, wo es mit den Ameisenmenschen zusammenlebte. In der Mitte gab es eine Feuerstelle, sie strahlte Wärme und Licht aus. Früher gab es in jeder Blockhütte eine Feuerstelle, auch in der Mitte des siebenseitigen Hauses des Rates, wo die Ältesten tagten. Und auch beim Kreistanz brennt immer ein Feuer in der Mitte. Das *Hothouse*, eine Art Schwitzhütte, ist nichts anderes als eine Ansammlung glühender Steine tief in der Mitte eines umschlossenen Hügels. Feuer ist das symbolische Zentrum des Heiligen Kreises der Cherokee, und es ist die erste der sieben Himmelsrichtungen, das Zentrum des Seins, auf das sich alle anderen Richtungen beziehen. Der Heilige Kreis der Cherokee ist ähnlich aufgebaut wie das Medizinrad der Plains-Indianer.

Das Feuerstellen-Zeichen erinnert an den Laut einer Trommel in einem geschlossenen Raum. Das Geräusch hallt von den Wänden wider wie der Herzschlag von Mutter Erde selbst, der aus ihren Eingeweiden ertönt: eine mächtige, unkontrollierbare Kraft wie bei einem Erdbeben, einem Vulkanausbruch, einem Sturm oder einer Flutwelle. Eine Kraft, die dem Auge des Menschen verborgen ist. Sie entspricht dem Teil des Sonnenlaufes, in dem sie die Regionen auf der anderen Seite des Erdballs durchwandert – die dunkle Seite der Sonne.

Die Feuerstelle gehört zum Baum des Lebens. Sie ist das Zeichen des Treuglaubenden, ein Signalfeuer für den erschöpften Wanderer. Der unter diesem Zeichen Geborene erinnert sich auch im allumfassenden Nichts der Nacht noch daran, dass Leben und Licht nicht tot sind, sondern allenfalls ein wenig auf sich warten lassen, dass die Sonne im Westen untergeht, um sich dann zur vorgesehenen Stunde im Osten wieder zu erheben; dass alles genau dort ist, wo es sein sollte, auch wenn es unsichtbar ist.

Die Feuerstelle ist der Lichtbringer, der Hüter von Licht und Wärme, Helfer im Kampf gegen die Dunkelheit. Dieses Tageszeichen erforscht mit seiner Intuition die labyrinthischen Verzweigungen des Geistes und hebt die vergrabenen Schätze des Unbewussten ans Licht.

Der Feuerstellen-Geborene ist ein Mensch, der zuallererst eine Heimstatt gründet – ein Haus auf Fels baut, er ist einer, der sein Leben auf eine feste Überzeugung aufbaut. Er ist jemand, der sich seiner Mitte sicher ist und über einen starken territorialen Instinkt verfügt. Und er ist jemand, der Grenzen setzt – geistig, körperlich und emotional. Seltsamerweise führt dies nicht zu Platzangst. Dieses strenge Sich-Abschließen gibt dem unter diesem Zeichen Geborenen vielmehr das Gefühl, vor Eindringlingen sicher zu sein. So fühlt er sich eher beschützt als eingesperrt.

Die Feuerstellen-Menschen gehören nicht zu den Globetrottern. Sie leben nicht aus dem Koffer oder im Wohnwagen. Ihr Ursprung liegt im Herzen der Berge, und sie haben sich nie darum gekümmert, was jenseits dieser Gipfel liegt.

Die Feuerstellen-Geborenen üben auf subtile Weise gerne Macht aus. Unter allen Umständen vermeiden sie den Eindruck, dass sie es sind, welche die Fäden ziehen. Trotzdem signalisieren sie, dass ihr Weg nicht nur der beste von allen, sondern auch der einzig gangbare ist. Diese Grundeinstellung passt gut zum Beruf des Lehrers, des Managers, des Anführers und Heilers. Das Zeichen steht für absolute Zuverlässigkeit in Zweierbeziehungen.

Der Feuerstellen-Mensch hat keine Angst vor harter Arbeit. Geduldig und stetig arbeitet er an Langzeitprojekten. Er ist ausgesprochen gut organisiert. Sobald er seinen Weg gefunden hat, sieht er weder nach rechts noch nach links, sondern bewegt sich in der einmal eingeschlagenen Richtung vorwärts, ohne einen Wechsel je auch nur zu erwägen. Er ist brillant, aber nicht besonders flexibel. Normalerweise verlässt er sich eher auf bewährte Methoden, auch wenn sie schon hundertmal zum alten Eisen gehören. Seine Dickköpfigkeit hilft ihm dabei, andere zu seinem Standpunkt zu bekehren. Er liebt nicht nur Geschichte und Tradition – er macht sie gleich selbst.

Schriftsteller dieses Zeichens hinterlassen ihre Fußspuren im Sand der Zeit. Als Lehrer prägen sie das Denken künftiger Generationen. Auf jeden Fall lassen die Feuerstellen-Menschen ein Erbe zurück, mag es nun gut oder schlecht sein, radikal oder konservativ, traditionsverhaftet und altmodisch oder visionär bis hin zur mangelnden praktischen Durchführbarkeit. Ihre Spuren sind unauslöschlich.

Einen Widerspruch gibt es aber doch: Sie neigen zwar dazu, sich abzuschotten, sind aber gleichzeitig sehr gesellig. Und sie scheinen zu *riechen*, welche Menschen sich für welche Zwecke einsetzen lassen. Wenn es um Geschichte oder wissenschaftliche Erkenntnisse geht, neigen sie zum Plaudern. Vertraut man ihnen allerdings Geheimnisse an, dann schweigen sie wie ein Grab. So sind sie einerseits Sprachrohr, andererseits eine fest verschlossene Muschel. Alles zur selben Zeit und alles im selben Paket, ohne Schleifchen, wahrscheinlich überhaupt ohne Schmuck, nur mit dem hauseigenen Siegel versehen.

Die unter diesem Zeichen Geborenen haben gewöhnlich Respekt vor ihren Eltern, deren Vorfahren und der Vergangenheit im Allgemeinen. Doch sie schätzen nicht nur die Traditionen der

Älteren, sondern auch die Regeln der gegenwärtigen Gemeinschaft. Und obwohl sie eine tief sitzende Leidenschaft für Rituale haben, wissen sie ihre Gefühle in der Öffentlichkeit für sich zu behalten. Da gibt es kein Geheul oder Gejammer, kein wütendes Zähneknirschen ob des dramatischen Effekts. Wie bei den Maskentänzern der alten Zeremonien verbirgt ihre untadelige Haltung den weitaus größten Teil ihrer Gefühle. Sie nehmen einmal einen Standpunkt ein und bleiben dabei. Wie ein Fels – oder besser gesagt: wie eine Marmorstatue mit dem geheimnisvollen Lächeln der Mona Lisa.

Ritualmagie ist ein Versuch, das Leben im Alltag zu kontrollieren. So sagt der Volksmund beispielsweise, dass man, um Dinge wahr werden zu lassen, nur so handeln müsse, als wären sie bereits eingetreten. Wenn Sie nur lange genug und stark genug daran glauben, werden sich die Elemente in Ihrer Umgebung auf Ihren Rhythmus einstellen, sodass die Widerstände nach und nach schwinden. Dies ist das Erfolgsgeheimnis der Menschen dieses Zeichens.

Feuer ist das andere Ich des Sonnengeistes und die Feuerstelle sein Altar. Menschen dieses Zeichens sind die Mitte, der Kern, der Pulsschlag des *Volkes*.

Der Schattentanz

Die Erde ausbalancieren – dies ist das große Geheimnis des Lebens. Finden Sie einen bequemen Mittelweg zwischen der Zähigkeit der Bulldogge und der mauleselhaften Gehorsamkeit, zwischen Herumflippen und dem Trott des Alltags. Lassen Sie nicht zu, dass die Angst vor dem Versagen Sie hemmt. Jeder, der *immer* Recht hat, wird auf die Dauer lästig. Aber setzen Sie niemals auf Glücksspiel, betrügerische Geschäfte oder vermehrte Geldausgaben.

Vielleicht sind Sie intellektuell eher festgefahren, sind übermäßig logisch bis hin zur Haarspalterei. Unter Umständen meinen Sie, jede Situation beherrschen zu müssen oder Sie sind ganz einfach unglaublich stur. Die Gefahr, in einer Haltung festzufrieren, besteht durchaus. Wenn Sie nicht lernen, biegsamer zu werden und nachzugeben, werden Sie zerbrechen.

Unter diesem Zeichen gibt es mehr Einzelkämpfer als Mannschaftsspieler. Denn Befehle können die Feuerstellen-Menschen zwar mühelos erteilen, nur mit dem Befolgen hapert es ziemlich. Hin und wieder sollten Sie mal ein wenig lockerlassen und etwas Neues ausprobieren, nur so zum Spaß. Innerhalb vernünftiger Grenzen natürlich.

Drache – Ukte'na
Ꮵ ꮪ Ꮅ Ꮻ

Himmels-richtung:	Süden – Sommer, Gesellschaft anderer Menschen, Wärme, Fülle, Fruchtbarkeit, Tanz mit dem Mond.
Symbol:	Drache mit einem Kristallauge
Farbe:	Safran (Orange-Gelb)
Stein:	Quarz
Element:	Feuer
Blume:	Weidenröschen (Epilobium angustifolium)
Pflanze:	Amerikanisches Immergrün (Gaultheria procumbens)

Am Himmel wird dieses Zeichen durch das Sternbild Draco versinnbildlicht, das sich zwischen dem Großen und dem Kleinen Wagen hindurch windet. Seit über 3000 Jahren ist der Stern des Nordens, der magische Kristall der Cherokee, nun Polaris. Vielleicht wird der Drache ihn eines Tages zurückerobern, dann wird Thuban wieder Stern des Nordens sein, ein leuchtend gelber Stern in der Konstellation Draco. Der Drache steht für das Matriarchat, die Figur der Großen Mutter. Er ist das Gegenbild zum Patriarchat, in dem das Prinzip des Maskulinen oder des Vaters herrscht. Der Stern des Nordens bewegt sich am Himmel adäquat wie auf der Erde, je nachdem, welche Kräfte in der Welt hier unten vorherrschen.

Der Drache ist der Maisgeist, die zweigestaltige Personifikation der Großen Mutter als Maismutter und Maismädchen. Er gilt als Zeichen der Fruchtbarkeit, der Fortpflanzung von Generation zu Generation. Die gesamte Maispflanze, die aus ihrem

Erdhügel-Rock wächst, ist die Mutter. In ihren Armen hält sie eingehüllt in eine weiche Hülse den reifen Kolben, ihre Tochter. Wie die Madonna mit ihrem Kind.

Zu Anbeginn der Welt wurde Mehl mit Speichel benetzt, um daraus Männer und Frauen zu schaffen. So entstand die Schöpfung – und mit ihr die Fortpflanzung als Nachschöpfung. Mais war immer schon das Manna des *Volkes*. Wenn die Cherokee viele Sonnen lang ihren Weg zogen, trugen sie nichts anderes mit sich als getrocknete Maiskörner.

Das Wort *dragon* bedeutet in unserer Sprache *Auge, auf etwas achten, klar sehen*. Darin spiegelt sich das Bild der Mutter, die auch *hinten Augen hat*, um auf ihre Kinder zu achten. Sie scheint alles zu sehen, immer, überall, in der Vergangenheit, Gegenwart, Zukunft. So wie der *Ulunsu'ti*, das magische Auge des Ukte'na, des mythischen Drachen der Cherokee.

Der Drache atmet Feuer. Das Drachenweibchen ist empfindlich und wahrt eifersüchtig ihre Autorität; dabei schreckt sie auch vor Gewalt nicht zurück. Sie führt ein hartes Regiment. Was sie sagt, wird getan. (Der Geist des Drachen gilt bei uns als Gesetzgeber und gerechter Richter. Einer, der Gesetze macht, statt sie nur zu befolgen.) Die Drachenlady besitzt die Schärfe einer erprobten Streitaxt, vor allem wenn sie ihre Familie und ihre Lieben verteidigt. Wachsam schützt sie alle, die ihr anvertraut sind, macht sich zum Anwalt ihrer Sache und bleibt sogar bis in den Tod treu.

Natürlich treffen diese Eigenschaften auch auf die männlichen Vertreter dieses Zeichens zu. Sie entwickeln sich meist zum Inbegriff des Vaters, setzen dabei allerdings mehr auf die Rolle des strengen Lehrers ihrer Söhne. Auch die Töchter werden zum Gehorsam angehalten, wenn auch auf andere Art. Und natürlich wird kein Mann je gut genug für sie sein.

Die Geomantie geht davon aus, dass sich um die ganze Erde Kraftlinien ziehen, so genannte Leylines. Die Chinesen nennen sie Drachenlinien und teilen sie in Yin- und Yanglinien auf. Die Yin- oder weiblichen Drachenlinien liegen in den Tälern, die Yang- oder männlichen Drachenlinien ziehen sich über die Berge.

Diese Energie, die man auch Orgonenergie, Pyramidenkraft oder animalischen Magnetismus nennt, kann gesammelt und dann zu eigenen Zwecken verwendet werden. Die Kiva, der Ritualraum der Hopi, ist beispielsweise eine solche Sammelstelle für die Orgonenergie. Dasselbe gilt für die Große Pyramide von Gizeh oder die Pyramidenbauten der Mayas. Auch an den Kraftorten in den Canyons von Sedona, Arizona, sammelt sich die Drachenkraft. Diese Orte sollen enorme Heilkräfte bergen. Sie helfen dem Menschen, seine Batterien wieder aufzuladen.

Die Yang- oder männlichen Drachenlinien verlaufen natürlich auch über Vulkane, die gleichsam als Ventile wirken, wenn die Energie zu stark wird. Auch Stürme und Erdbeben werden von dieser Kraft ausgelöst. Die stärksten Kraftorte finden sich dort, wo sich Yin- und Yanglinien kreuzen. Dort haben die Ureinwohner Amerikas das Medizinrad aufgebaut und ihre kultischen Tänze abgehalten. Jenseits des Ozeans baute man an diesen Stellen Kathedralen, direkt über den heiligen Orten früherer Zeiten.

Drachen wirbeln die Elemente durcheinander, segeln mit dem Wind und toben mit den Wellen. Sie sind sterblich, von wunderbar teuflischer Natur, aber auch göttlich. Ein Stoß ihres Flammenatems bringt Licht ins Dunkel. Ihre Aufgabe ist es, alles Negative mit Stumpf und Stiel auszumerzen. Sie reinigen durch Feuer.

Drachen sammeln gerne glänzende, schöne Dinge. Sie horten Schätze. In der griechischen Mythologie ist es ein Drache, der die goldenen Äpfel der Hesperiden hütet, die Frucht der Weisheit und des ewigen Lebens. Am Himmel umgibt das Sternbild Draco den Stern des Nordens, die Spitze des himmlischen Lebensbaumes.

Ähnlich geartet ist auch die Persönlichkeit der unter diesem Zeichen Geborenen: Einer, der Wege bahnt, hier, dort und überall, und dabei nicht zimperlich ist.

Drachen-Menschen sind einzigartige Charaktere: Aggressiv und dominant tun sie immer wieder völlig unvorhersehbare Dinge. Sie sind listig, voll starker Emotionen, schlau wie der Fuchs und dabei gewieft wie der Kojote. Wie Jugendliche, die über die Stränge schlagen, wissen sie ihre Kraft kaum zu bändigen.

Eine Bemerkung am Rande: Das babylonische Drachenungeheuer Tiamat, die Herrin über die Urgewässer, war unbesiegbar, so lange sie ihren Mund nicht öffnete. Der Drachentöter wurde ihrer erst dann Herr, als sie ihn öffnete.

Das Zeichen des Drachen ist geprägt von ungehemmter Fröhlichkeit und Sexualität, die aus der rhythmischen Energie des Tanzes entsteht. Das Tanzritual, das bei den Cherokee zum Zeichen des Drachen gehört, stellt eine Liebkosung der Erde dar, bei welcher der geheimnisvolle Schöpfungsakt offenbart wird. Die Trommel bringt den Herzschlag der Erde ein. Sie verbindet im heiligen Kreislauf des Lebens Anfang und Ende.

Der Drache ist das am weitesten verbreitete wilde Tier der Mythen. In ihm fließen Weisheit, Einsicht und die göttliche Vision des Wandels zusammen. Er ist ein uraltes Glückssymbol, in dem Fortunas Füllhorn lebendig ist, das ihn mit einem reichen, befriedigenden Leben segnet.

Der Schattentanz

Die unter diesem Zeichen Geborenen sind manchmal zu sehr auf ihre eigenen Interessen konzentriert. Manchmal werden sie dadurch ganz eingefahren und lassen die geistige Flexibilität vermissen, die man braucht, um die Muster der Vergangenheit loszulassen.

Obwohl sie generell gutmütig sind, neigen sie zu Eifersucht. Sie sind die ungeduldigen Opfer ihrer Stimmungsschwankungen. Zwischen ungeduldigem, übermäßigem Enthusiasmus für alles Neue und dem Dahintrotten in alten Bahnen finden sie selten einen Mittelweg.

Dieses »heute hui, morgen pfui« spiegelt sich auch in ihrem Sexualleben wider, das entweder vor erotischen Phantasien überquillt (und manchmal auch zu bestenfalls merkwürdigen Abweichungen führt) oder vollkommen unterdrückt wird, was ebenso zerstörerisch ist.

Der Drachen-Typ hat ein geradezu frenetisches Interesse an extremen Dingen und dies auch noch in erstaunlicher Vielfalt. Er ist wie der Reiter, der auf der Suche nach Abenteuer kühn auf sein Pferd springt, um möglichst in alle Himmelsrichtungen zugleich davon zu galoppieren.

Strebt dieses Zeichen Erfolg an, so muss es zuerst nach Ausgeglichenheit suchen. Fliegen Sie nicht zu hoch, graben Sie nicht zu tief. Malen Sie Ihr Bild nicht zu weit außerhalb des vorgegebenen Rahmens – die Welt jenseits des Bekannten ist ohnehin Drachengebiet.

Schlange – Do'tsi
VK

Himmels-	Osten – Auftauchen der Persönlichkeit, innere Stärke
richtung:	und Geschicklichkeit.
Symbol:	Schlange
Farbe:	Feuerrot
Stein:	Feueropal
Element:	Wasser
Blume:	Passionsblume (Passioflora caerulea)
Pflanze:	Grüner und roter Paprika (Capsicum annuum)

Am Himmel wird dieses Zeichen durch die Konstellation Serpens repräsentiert, die sich durch die Milchstraße (den Fluss) zieht, beginnend beim Baum des Wissens, *Agwan'ti*, dem Kreuz des Nordens bzw. Cygnus. Schlangenmenschen wohnen eigentlich im Himmel, aber sie kommen immer wieder auf die Erde zurück, wenn sich das *Volk* vom Wissen abgewandt hat: wie E.T., der in seinem Raumschiff bei uns auf der Erde gelandet ist.

> *Der Regenbogen ist die Zunge*
> *der Himmlischen Schlange.*
> *Er leckt den Regen von der Welt.*

Wie oben, so unten. Auch im Garten Eden wohnte die Schlange in den Wurzeln des Baumes der Weisheit. Und im menschlichen Körper hat die Schlangenkraft ihren Sitz im Wurzelchakra; sie ist die zusammengedrückte Feder, die dem menschlichen Körper seine Energie gibt. Wenn sie sich aufrichtet, wandert die Energie über die Wirbelsäule (Baum) nach oben bis hinauf ins Kronenchakra. Von dort strahlt sie in den Kosmos aus und verschmilzt mit der Energie der Sonne.

Die Schlangenkraft ist die Lebensenergie, die Kraft, die uns bewegt, unser Instinkt und unsere Lust, etwas zu schaffen. Sie ist es, die am Anfang jeder Handlung steht. Wie eine Zündschnur führt sie die Energie, welche schließlich die Lebenskraft freisetzt und so das Leben selbst zu neuer Größe lenkt. Darin spiegeln sich nicht nur sexuelle Energie, sondern auch Liebe, Leidenschaft, Hass, Güte, Boshaftigkeit und Mitgefühl.

Schlangen-Typen sind Intellektuelle. Sie haben gewöhnlich einen hohen Intelligenzquotienten und sind immer darüber auf dem Laufenden, was sich auf der Welt so abspielt. Manchmal widmen sie sich ganz einer geistigen Tätigkeit in Wissenschaft oder Technik. Wenn sie sich für Psychologie interessieren, sind sie manchmal so mit Theorie überladen, dass sie selbst eine Therapie brauchen könnten.

Das Zeichen Schlange intensiviert nicht nur die Lebenskraft, sondern auch ihren dunklen Gegenpol, die Kraft des Todes. Entweder kommen sie selbst häufiger mit dem Tod in Berührung als andere Menschen oder sie leiden außergewöhnlich stark unter dem Verlust eines geliebten Menschen. Für dieses Tageszeichen ist es besonders wichtig zu verstehen, dass der Tod ein Teil des großen Ganzen ist, so wie das Leben auch, und dass wir ihn akzeptieren müssen.

Dieses Zeichen strahlt sehr starke emotionale Wellen aus, sowohl im negativen wie im positiven Sinne. Die in diesem Zeichen Geborenen können tief hassen und leidenschaftlich lieben. Das Feuer der Schlangenkraft brennt heftig. Dies kann sowohl zur Reinigung führen, die allen von Nutzen ist, oder zur mutwilligen Zerstörung. Dieses Zeichen umfasst die Samen beider Kräfte, Tod und Leben.

Die Legende erzählt, dass die Schlange das *Volk* aus den Höhlen der Dunkelheit führte – ins Licht des Wissens und des Geistes.

Zwei Schlangen, die sich um einen geflügelten Stab winden, bilden den Caduceus, den rituellen Stab der Heilgötter. Die beiden Tiere stehen stellvertretend für Heilkraft und magische Macht, denn in früheren Zeiten war ein Magier immer auch Arzt. Doch so seltsam diese Tatsache heute erscheinen mag, so geht man in heutiger Zeit immer mehr dazu über, nicht nur den Körper, sondern auch die Seele zu behandeln.

Bei den Heilzeremonien der Cherokee spielte die Rassel, stellvertretend für den hornartigen Schwanz der Klapperschlange, eine bedeutsame Rolle. Auch die Zähne der Klapperschlange wurden benutzt. Mit ihnen ritzte man die Haut des Patienten ein, bevor man die verschiedenen Kräuterarzneien auftrug. Daher symbolisiert das Zeichen der Schlange auch die Heilkräfte schlechthin.

Die Schlange ist vielleicht auch das älteste Symbol für die Kräfte des Männlichen – als Phallussymbol par excellence. Die Indianer Amerikas glaubten fest an die Zeremonie des Medizinmannes, der die Kraft der Schlange auf die in die Schlacht ziehenden Krieger übertrug, um sie unbesiegbar zu machen.

Die unter dem Zeichen der Schlange Geborenen verfügen nicht nur über einen starken Willen, sie sind auch charismatische Persönlichkeiten. Andere Menschen nehmen sie immer wahr, wenn sie sich dessen auch nicht bewusst zu sein scheinen. Denn der Schlangentyp hüllt sich in geheimnisvoll unprätentiöses Schweigen. Er hat viel Sexappeal und nimmt seinen Platz in der Mitte der Bühne ganz selbstverständlich ein. Schließlich weiß er, wie man die Aufmerksamkeit der anderen fesselt. Er hat eine dramatische Ausstrahlung und ist manchmal noch mit seiner Vorführung beschäftigt, wenn der Vorhang schon längst gesunken ist und die Bühnenarbeiter die Kulissen abbauen.

Ihre starken Gefühle und festen Meinungen teilen sie anderen wie die Schwingungen einer Violinsaite mit. Schon kleine Dinge vertreten sie mitunter mit fanatischem Eifer. Manchmal flößen sie anderen ein wenig Furcht ein. Dann wirken sie allzu sehr wie ein Neandertaler mit Keule, der sich die Frau seiner Wahl über die Schulter wirft und sie in seine Höhle schleift.

Schlangen-Menschen sind geborene Anführer. Sie wissen, wie man die Aufmerksamkeit auf sich zieht und Anhänger um sich schart. Sie stehen ständig im Rampenlicht und bleiben trotzdem immer von einer Aura des Geheimnisvollen umgeben. Jeder kennt sie, doch niemand weiß, was wirklich in ihnen vorgeht. Daher ist ihre Persönlichkeit schwierig zu beschreiben. Manchmal sind sie so aufgeladen, dass sie wie ein Unfall wirken, der sich nach einer Gelegenheit umsieht, sich endlich zu ereignen.

Die Schlange ist der uralte Geist der Wiederauferstehung. Da sie sich so häufig häutet, scheint sie ununterbrochen wieder geboren zu werden. Die neue Haut dient dem Wachstum, das sonst eingeschränkt wäre. Man streift die alte Haut ab, um Platz für etwas Neues zu machen. Eine wunderbare Sache, wenn man es damit nicht zu weit treibt.

Die Schlange ist ein Fleischfresser. Sie lebt unter der Erde, in ihrem ganz persönlichen Schlupfwinkel, und kommt nur hervor, wenn Raum für ihre extrovertierte Persönlichkeit ist.

Außerdem wird die Schlange mit Quellen und Grundwasser assoziiert, mit Stürmen und dem Zorn der Mutter Natur. Zu ihr gehören die wirbelnden Strudel des Wassers, die Gewalttätigkeit der Jugend und die »ewig während« junge Liebe ebenso wie die kurzfristige, atemberaubende Schönheit der Natur, die bald in Zerstörung und Verfall übergeht, aber auch die Erneuerung in der Wiedergeburt, im endlosen Zyklus von Leben und Sterben.

Der Schlange wurde bislang viel Böses nachgesagt. Die vielleicht berühmteste Geschichte, welche diesen üblen Leumund bestätigt, ist die vom Garten Eden. In Wahrheit aber waren es Adam und Eva, die das Paradies zerstörten. Ein Leben ohne Konflikte beraubte sie ihrer Kräfte. Da kam die Schlange und öffnete ihnen die Augen. Stocherte da und dort herum. Und sorgte schließlich für ihren Hinauswurf in die wirkliche Welt, wo sie wachsen und stärker werden konnten. Nur dort konnten sie die Wahrheit erkennen, keinesfalls in der angenehmen Lähmung des Paradiesgartens. Die Schlange erweckte ihr Bewusstsein.

Der Schattentanz

Schlangen verlieben sich häufig in den Klang ihrer eigenen Stimme, in ihren eigenen Körper. Dann denken sie, dass diese körperlichen Merkmale die wahre Persönlichkeit (die Seele) ausmachen. Für sie ist es daher besonders wichtig, das delikate Gleichgewicht zwischen den Extrempolen des Universums (Nacht und Tag, Liebe und Hass und so weiter) nicht zu verlieren.

Wenn der Vulkan dieser Persönlichkeit einmal ausbricht, suchen viele Schlangengeborene im Alkohol Zuflucht. Doch dies ist der Weg der Zerstörung. (Wenn Sie einen Drang zum Trinken verspüren, sollten Sie von Alkohol auf jeden Fall die Finger lassen!)

Streifen Sie Ihre alte Haut ab, um Raum für Neues zu schaffen, für die ungewöhnlichen Ideen, die Ihr wahrer Schatz sind. Kommen Sie heraus aus der Höhle der Dunkelheit. Tauchen Sie ein ins Sonnenlicht der Freiheit.

Schlangen-Menschen können unter den schlimmsten Zwängen leben und funktionieren, aber ihr Problem ist, dass sie nicht merken, wann es reicht. So machen sie es sich zur Gewohnheit, das zu tun, was andere sagen.

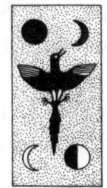

Zwillinge – Takato'ka
ᏭᏍ ᏴᏍ

Himmels-richtung:	Norden – das Auge des Sturms, Ort der Weisheit und Reinigung, die Kraft der Erneuerung, Mitternacht.
Symbol:	Verschlungene Hände als Zeichen der Unendlichkeit
Farbe:	Taubengrau (Weiß und Schwarz)
Stein:	Onyx (Achat)
Element:	Luft
Blume:	Geißblatt (Lonicera periclymenum)
Pflanze:	Weide (Salix alba)

Das wichtigste und am deutlichsten wahrnehmbare Zwillingspaar am Himmel sind Sonne und Mond, deren Zweiheit die Welt in Gang hält. Da in der Mythologie der Cherokee aber zuerst der Morgenstern (die Venus, die zugleich Morgen- und Abendstern ist) auftaucht, um das Kommen der Sonne anzukündigen, ist bei den Cherokee die Venus das Himmelssymbol für dieses Tageszeichen. Doch es gibt noch andere Zwillings-Bilder am Himmel: Castor und Pollux (die für die Tageszeichen Feuerstein und Schilfrohr stehen), Sirius und Antares (die Hundssterne), die Plejaden und die Hyaden (zwei Sternhaufen im Stier). Zwillingspaare, also duale Polaritäten, gibt es im Universum immer wieder.

All jene, die unter diesem Zeichen zur Welt kommen, sind immer wieder starken Veränderungen unterworfen: Entfremdung von der Familie, Ehe und Scheidung, Probleme im Berufsleben. Sie reiten auf Sturmfluten, produzieren Erdbeben und Aufruhr, wo immer sie auftauchen. Sie verkünden eherne Wahrheiten und bringen die Wellen, auf denen sie reiten, gleich mit. Der Pfad der Tugend ist nicht unbedingt der ihre, dann schon lieber dynamisch im Mittelpunkt stehen. Die Zwillinge-Geborenen erleben immer wieder machtvolle Wandlungen: Tod und Auferstehung wechseln sich in ihrem Leben manchmal so schnell ab, dass man den Eindruck hat, Neonlichter würden aufblitzen.

Dieses Zeichen balanciert die Erde aus – wie eine Wippe auf dem Spielplatz, die sich leicht auf und ab bewegt, wenn beide Seiten im Gleichgewicht sind. Wenn eine der beiden Seiten zu viel Last trägt, gerät das Ganze aus dem Gleichgewicht und funktioniert nicht mehr. Die beiden Seiten der Wippe sind wie die entgegengesetzten Pole des Universums, die Zwillinge, die einander spiegeln. Sie gehen zwar Hand in Hand, aber wie unbotmäßige Kinder wissen sie sich einfach nicht zu benehmen.

Beispiele für diese entgegengesetzten Pole sind: Nacht und Tag, Positives und Negatives, Anführer und Anhänger, Freude und Leid, Krieg und Frieden, Stolz und Bescheidenheit, Liebe und Hass, Männlich und Weiblich.

Daher wird sich dieses Zeichen im Leben immer wieder mit der tiefen Finsternis der Unentschiedenheit auseinander setzen müssen. Das Thema zieht sich durch das Leben wie ein roter Faden. Zu viel und zu bald ist genauso schlecht wie zu wenig und zu spät. Man fragt sich, wie man gut ist, aber nicht zu gut und versucht zu verstehen, wo Tapferkeit aufhört und Tollkühnheit beginnt.

In diesem Zeichen ist der Idealist zu Hause, der an die Ritter in schimmernder Rüstung, an die Prinzessin mit dem Diamantenkrönchen oder an den Topf voll Gold am Ende des Regenbogens glaubt. Strecken Sie Ihre Hände ruhig danach aus: All dies ist da, um erobert zu werden. Glanz und Gloria der Schönen und Reichen wird auf die herabregnen, die sich genau dies zum Ziel gesetzt haben.

Genießen Sie Ihre Reichtümer ruhig, solange Sie welche besitzen. Erst wenn der Reichtum beginnt, Sie zu besitzen, sollten Sie ihn vor die Tür setzen. Hängen Sie nicht zu lange Zeit und zu sehr an ihm.

Eine unbestreitbar gültige Wahrheit besagt, dass jeder Aktion eine gleich starke Reaktion in die andere Richtung folgt. Theoretisch stimmt das auch. In der Praxis allerdings ist manches anders.

Man sollte sich nicht zu sehr in Kleinigkeiten verzetteln, denn zwei und zwei mögen in der Mathematik immer vier ergeben, doch in der Chemie kann dieselbe simple Addition einen Knalleffekt produzieren, der Sie umwirft. Letztlich ist es Ihr Glaube, der Sie sicher durch die wilden Wasser des Lebens trägt. Also füllen Sie Ihre Tage ruhig mit unermüdlicher Anstrengung – und gehen Sie dann zu Bett, um die Magie der Sterne wirken zu lassen. Denn diese Magie gibt es wirklich! Folgen Sie Ihrem Leitstern. Die unter dem Zwillinge-Zeichen Geborenen sind so sehr mit der Kalkulation von Ursache und Wirkung beschäftigt, dass sie den magischen Teil des Lebens vollkommen vergessen. Wenn Ihnen jemand einen Glaspantoffel hinhält, dann schlüpfen Sie ruhig hinein. Er ist für Sie bestimmt! Wenn Sie Ihre Zeit damit verschwenden nachzudenken, warum das so ist, dann sind die Lichter gelöscht und das Fest ist vorüber, noch bevor Sie zum Tanzen gekommen sind.

In diesem Zeichen finden wir den übermäßig Leistungsbereiten, der noch kämpft, wenn die Schlacht längst gewonnen ist. Er rudert lieber gegen die Strömung flussaufwärts, statt sich wie ein Schwan gemütlich vom Wasser tragen zu lassen und dabei eine Spur winziger Wellen zu ziehen. Es genügt ihm nicht, den Preis gewonnen zu haben. Er muss Rekorde erzielen, und wenn es ihn noch so viel Arbeit kostet. Richtig ist richtig und falsch ist falsch. Zuerst muss Stellung bezogen und alles ordentlich ausgefochten werden, bevor er endlich einen Schlussstrich ziehen kann.

Die meisten Zwillinge-Geborenen fühlen sich zum Dienst an der Gemeinschaft berufen, da sie glauben, dass Nahrung, Obdach und Kleidung Dinge sind, die jedem Menschen zustehen. Und dass diejenigen, welche sich dieser Güter erfreuen, den weniger Glücklichen gegenüber eine gewisse Verantwortung tragen. Daher nehmen sie sich immer Zeit, anderen zu helfen, selbst wenn ihr Terminkalender noch so voll ist. Zwillinge sind traditionsgläubig, hängen an den sozialen Regeln, die das Zusammenleben der Menschen steuern. Und gleichzeitig sind sie stolz darauf, dass sie diese Regeln brechen, wann immer sie es für richtig halten. Sie haben ein heftiges Verlangen, anders zu sein und streben eine Art blendender Individualität an. Häufig ist ihnen diese Gutsherrenarroganz zu eigen, die Wert darauf legt zu zeigen, wie ungeheuer praktisch veranlagt man im Grunde doch ist. Hier geht es um den Buchstaben des Gesetzes, ob dieses nun von der Gesellschaft oder von den Zwillinge-Geborenen selbst festgelegt wurde.

Dieses Zeichen wird von der Gefahr angezogen. Es sucht den Kick, der darin liegt, das Tal des Todes zu durchschreiten, um am Ende den strahlenden Gipfel zu erklimmen. Ein schnelles Motorrad, ein Sprung mit dem Fallschirm werden als aufregend empfunden. Dass Dame Fortuna ihren Blick gerade anderswo hinwenden und die Unternehmung deshalb schief gehen könnte, fällt dem unter dem Tageszeichen Zwillinge Geborenen erst gar nicht ein.

Zwillinge ist ein Zeichen, das sich selbst spiegelt – allerdings seitenverkehrt.

Es ist in zarte Schleier von taubengrauem Rauch gehüllt,
eben jenem Rauch,
der die Botschaften von den Erdenbewohnern zum Großen
Geist trägt ...
Es ist das Echo der menschlichen Stimme, wie sie in Donner
und Wind widerhallt ...
Der Beginn und das Ende und alles dazwischen ...
Es ist alles, was je war, ist oder sein wird – im Himmel und
auf Erden.
Es ist Unendlichkeit.

Der Schattentanz

Der Zwillingstyp neigt dazu, Dinge noch festzuhalten, wenn sie ihren Sinn und Nutzwert schon längst verloren haben. Auch an Menschen klammert er sich gerne, auch wenn er schon lange nicht mehr mit ihnen klarkommt. Halten Sie nicht zu lange und zu sehr an etwas fest. Wenn es vorbei ist, dann ist es eben vorbei. Sie können Menschen nicht ändern. Wollen Sie das nicht akzeptieren, dann haben Sie ein Problem. Schließlich müssen Sie ja auch nicht allen liegen!

Zwischen der Zähigkeit der Bulldogge und der Sturheit des Maultiers gibt es einen Unterschied. Schlagen Sie den überlebten Mustern der Vergangenheit die Tür vor der Nase zu. Vergessen

Sie sie einfach! Lassen Sie los, geben Sie sich hin, gleiten Sie mit –
und verzeihen Sie. Werfen Sie die alten Hüllen ab, die Sie nach
unten drücken wollen, und tauchen Sie auf – frei und stark, um
noch gewaltigere Gipfel zu erklimmen. Wischen Sie die Spinnweben ab, die Sie festhalten. Es gibt noch eine Menge Berge zu
besteigen, Flüsse zu überqueren, Orte zu besuchen und Taten zu
vollbringen. Und vergessen Sie nicht, dass es vom Gipfel des Ber-
ges immer nur nach unten geht. Wenn Sie aber in der Talsohle an-
gekommen sind, gibt es nur einen Weg heraus: nach oben. Suchen
Sie das Wunder im Leben, das Magische. Sie werden es vermissen, wenn Sie zu sehr beschäftigt sind, um noch einen Gedanken
auf Ihre innersten Bedürfnisse zu verschwenden.

Ihre Kreativität gedeiht in harmonischer oder konfliktreicher
Umgebung gleichermaßen, doch nur, wenn beides ein bestimm-
tes Maß nicht überschreitet.

Hirsch – Ahwu'sdi
D𝜗ᴐ.Ɪ

Himmels- Westen – Wo der Wind ungehemmt bläst, Sensitivi-
richtung: tät, Kompromissfähigkeit in Beziehungen, weg von
der Konzentration auf das eigene Selbst.
Symbol: Hirsch
Farbe: Käuzchenbeige
Stein: Türkis
Element: Erde
Blume: Schwarzäugige Susanne (Thunbergia alata)
Pflanze: Vielköpfiges Ruhrkraut (Gnaphalium obtusifolium)

Am Himmel wird dieses Zeichen von der Konstellation Galagina
repräsentiert, die wir Cherokee *Hirsch* nennen. In der Astronomie kennt man sie als Taurus, den Stier. Anders als in der klassi-
schen Astronomie zählen bei den Cherokee die Sternhaufen der
Plejaden und Hyaden nicht zu diesem Sternbild. Ursprünglich
gehörten die großen Hörner dieses wunderschönen Sternbildes
zum *Großen Gehörnten Hasen* am Himmel, doch er verlor sie
schon vor langer, langer Zeit bei einem Glücksspiel an den Hirsch.
Das Wild ist Teil von Mutter Naturs großem Plan zur Ernäh-
rung des *Volkes*. Die erste Welle in der Nahrungskette ist das
Leben der Pflanzen: Früchte, Samen, Wurzeln, Rinde, Blätter
und Gras. Das Wild verzehrt die Pflanzenwelt und schafft so die
zweite Welle in der Nahrungskette, die sich zu einer wahren
Sturmflut der Fülle auswächst. Die Cherokee glauben, dass Tiere
unsere Brüder sind. Ihr Lebenszweck ist es, den Menschen zu
nähren. Wenn wir uns also weigern, Fleisch zu essen, dann ent-

halten wir unseren Brüdern ihr Schicksal vor und hindern sie an der Erfüllung ihres Lebenssinnes.

Die unter dem Zeichen des Hirsches Geborenen sammeln Nahrung und Vorräte. Sie lieben Rituale, Bankette, Feste und Zeremonien. Sie sind großzügig, unbeschwert und spontan. Sie geben gerne, vor allem schenken sie großzügig ihre Gastfreundschaft, sodass sie zum Herz des sozialen Lebens werden.

Sie sind Meister im Sport und im Wald quasi zu Hause: Sie gehen, laufen, jagen – mit dem Gewehr oder der Kamera. Letztlich sind sie wie die Hirschkuh im Mythos vom Ballspiel, die jedes andere Tier überholte. Sie sind lebhaft und geschmeidig, können in kürzester Zeit weite Territorien durchmessen und haben nebenher noch Zeit für Spiel und Spaß. In den Mythen der Cherokee sind Hirsch und Hase Kumpane, die in spielerischem Wettkampf Kopf und Muskeln austesten.

Der römische Mythos von Romulus und Remus, die von der Wölfin genährt wurden, findet seinen Widerhall in der Cherokeesage von der Hirschkuh, die ein kleines Mädchen säugte, welches später zur Ahnherrin des Hirschclans, *Anikahwi'*, wurde. Und der Geist dieses Zeichens wacht über alles Wild auf Erden. Er ist immer sofort zur Stelle, wenn ein Jäger Wild schießt, und achtet darauf, dass der Mensch das Tier um Verzeihung bittet. Tut dieser das nicht, so schlägt er ihn mit Rheumatismus, der seine Glieder verkrüppelt.

Im Denken der Cherokee gibt es keinen Unterschied zwischen Tieren und Menschen. In der Vergangenheit lebten und arbeiteten sie harmonisch zusammen, bis der Mensch so herrisch wurde, dass er auf die Rechte anderer keine Rücksicht mehr nahm. Da wandten sich die Tiere gegen ihn.

Dasselbe kann ihnen mit einem Hirsch-Geborenen passieren: Obwohl diese generell nett und friedlich sind, treten sie doch ohne Zögern für alles ein, was sie für richtig erachten. Sie zaudern nicht einen Moment, wenn es darum geht, ihr Reich zu verteidigen oder jenen entgegenzutreten, welche die Rechte anderer mit Füßen treten. Sie setzen sich für die Familie und für soziale Integrität ein und verspüren einen gewissen Drang, für das Richtige zu kämpfen. Sie machen häufig die Pferde scheu und leben daher meist in recht turbulenten, manchmal auch frustrierenden Beziehungen.

Meist jedoch praktiziert dieses Zeichen die Form der passiven Herrschaft und bedient sich dabei der Eisenfaust im Samthandschuh. Denn letztlich hat der Hirsch-Geborene für andere Wege als seinen eigenen keinerlei Verständnis. Und er handelt immer so, als wären die Dinge genauso, wie er sie sieht – jetzt, seit jeher und für immer. Auf lange Sicht ist diese Art der Magie höchst wirkungsvoll.

Die männlichen Seiten dieses Zeichens zeigen sich am deutlichsten bei der Partnersuche. Ein brünftiger Hirsch wird in den heiligen Sprüchen mit dem Sturm verglichen, der Kraft, welche über Wind, Wolken, Regen, Donner und Blitz gebietet, die gegen die Gebirge anrennt und alles niedertrampelt, was sich ihr in den Weg stellt. Hörner sind ein universelles Symbol für Männlichkeit. Während der Regenzeit wächst das Geweih des Hirsches, Zeichen seiner Aggressivität, denn alle Formen des Wassers gelten den Cherokee als männlich. In der heißen Jahreszeit dagegen (Sonne und Feuer gelten als weiblich) verliert er es und mit ihm seinen Drang zu brünstiger Rivalität.

So drückt sich für dieses Zeichen der ewige Kreislauf des menschlichen Lebens im Zusammenspiel von Sturm und schönem Wetter aus. Dabei ist es nicht leicht zu sagen, woher diese Stimmungsschwankungen kommen – vielleicht vom Wechsel zwischen körperlicher und spiritueller Ebene. Denn dieses Zeichen steht in gewisser Weise für Anfang und Ende gleichermaßen: Es ist ein Tor zwischen verschiedenen Existenzzuständen. Es bedeutet Veränderung und Wandel.

Unter der Oberfläche haben die unter diesem Zeichen Geborenen mit dem Wunsch nach Sicherheit und dem gleichzeitigen Bedürfnis nach Freiheit zu kämpfen. Häufig verlassen sie schon früh das Elternhaus, um sich ein eigenes, unabhängiges Leben zu schaffen. Und doch werden die Familienbande selten völlig durchtrennt. Meist verspüren die Betreffenden den Drang, neue Welten zu erkunden, möglichst um sich dort niederzulassen, denn ihr Wunsch nach Heim und Familie ist ungebrochen. Dieser Konflikt führt manchmal zu äußerst ungewöhnlichen Lösungen. Diese Menschen pflegen des Öfteren einen recht unkonventionellen Lebensstil. Ihren außergewöhnlichen Interessen gehen sie mit wahrem Forschergeist nach. Sie brechen die Regeln, aber friedlich, weil sie es aus innerer Notwendigkeit heraus tun.

Doch wie groß der innere Aufruhr auch sein mag, dieses Zeichen verliert nie aus dem Auge, was sich rundherum abspielt. Wach achtet es auf jede Gelegenheit, die sich auftun mag. Auch das Gespür für Schwierigkeiten und Gefahren ist stark ausgeprägt.

Menschen dieses Zeichens sind künstlerisch begabt und inspirierend. Sie beschäftigen sich gerne mit den schönen Künsten: Malen, Schreiben, Musik. Obwohl sie ganz schön austeilen können, wenn es um die Rechte anderer geht, sind sie doch sehr sensibel und ertragen es nicht, ihre eigene Seele dem kritischen Blick anderer zu öffnen.

Das Zeichen des Hirsches lebt im Einklang mit den Mondzyklen. Bei Vollmond sind diese Menschen besonders aktiv und wach. Sie repräsentieren die Schönheit und den graziösen, wellengleichen Tanz, der sich auf die Rhythmen der Erde einschwingt und von der Energie der Sonne gespeist wird. Er pflückt die Blumen des Universums und legt sie in den *Gadug'*, den Kornspeicher des *Volkes,* aus dem die Cherokee die Sieben Clans (also die ganze Welt) nähren.

Der Schattentanz

Verwechseln Sie die Werkzeuge, die Sie um sich sammeln, nicht mit Arbeit. Das Werkzeug ist nicht die Kraft selbst. Die Kraft sind Sie, das Licht, das durch Sie fließt. Dunkelheit ist nichts anderes als die Abwesenheit von Licht. Lassen Sie das Licht durch sich hindurchfließen. Erleuchten Sie Ihr Leben. Entwickeln Sie Sinn für Humor, genießen Sie das Lachen, es ist ein gutes Gegenmittel gegen alles, was Sie plagt. Die Gefahr der Starrheit ist da. Rasen Sie nicht wie ein Hamster im Laufrad. Achten Sie darauf, welche Veränderungen sich Ihnen anbieten, und nehmen Sie die Gelegenheit wahr. Sie wollen immer alles fertig bekommen. Nehmen Sie nicht zu viel auf sich, sonst fühlen Sie sich leicht unter Druck und verzetteln sich. Gerade dieses Verzetteln aber zerstört jede Kraft.

Ebbe und Flut im Fluss des Lebens heißt nicht, dass wir einen Schritt vorwärts gehen und zwei zurück. Wir genießen dabei den Rhythmus des kosmischen Tanzes – sie müssen nur den Takt finden. Der Trick dabei ist, dass man nicht zu lange an etwas hängen darf, aber auch nicht zu früh aufgeben sollte. Nehmen Sie den Rhythmus auf und tanzen Sie Ihren Weg. Zwischendrin können Sie ruhig auch mal stehen bleiben, um an den Blumen zu riechen, die Sie pflücken. Denken Sie daran, dass das Vergnügen beim Bergsteigen im Aufstieg liegt. Wenn Sie erst einmal oben stehen, dann gibt es nur noch den Weg nach unten.

Hase – Noqui'Segwa'
ᏃᏊᏎᏆ

Himmels-richtung:	Süden – Sommer und Mittag, Fruchtbarkeit, tanzende Schmetterlinge und Blüten, freimütig, emotional.
Symbol:	Hase
Farbe:	Messing
Stein:	Smaragd
Element:	Feuer
Blume:	Wildrose (Rosa setigera)
Pflanze:	Stechwinde (Sarsaparilla)

Der Große Gehörnte Hase am Himmel ist der Planet Venus, der Große Stern oder Morgenstern. Der Heilige Kalender der Cherokee ist ein Venuskalender und umfasst 260 Tage (20 Tageszeichen kombiniert mit 13 Zahlen). Obwohl die Venus (von der Erde aus gesehen) 584 Tage braucht, um die Sonne zu umrunden, erscheint sie am Himmel als Morgenstern nur etwa 260 Tage lang und noch einmal circa 260 Tage als Abendstern. Dies entspricht in etwa der Zeit, die ein menschlicher Fötus benötigt, um heranzureifen. Neben Sonne und Mond war die Venus das meistbeobachtete Objekt am Himmel. Wie der Mond erscheint sie gehörnt und hat eine Schattenseite.

Der Hase ist der Trickster der Cherokee-Kultur. Damit nimmt er die Rolle ein, die in den meisten Geschichten aus dem Sagenkreis der nordamerikanischen Indianer der Kojote erfüllt. Auch in afrikanischen Volkserzählungen gibt es einen solchen spitzbübischen Hasen, der entweder vom Cherokee-Hasen abstammt oder zusammen mit ihm entstanden ist. Auf der ganzen Welt gilt der Hase neben der Katze als aussichtsreichster Kandidat für den Posten des Hausgeistes im Hexenhaushalt. Man kennt ihn auch als geschickten Taschenspieler, der jederzeit in die Rolle unterschiedlichster Persönlichkeiten schlüpfen kann. Er ist der Politiker, der seinen Wählern erzählt, was immer sie hören wollen, der große Filou, der das Elixier der Jugend in Flaschen füllt und sie dann mit großem Hallo verkauft – zum wirklich günstigen Preis von 0,99 Dollar pro Flasche. Und er ist der große Bote, der Informationen von einem Ende des Erdballs zum anderen trägt. Dabei geraten ihm zwar manchmal die Einzelheiten etwas durcheinander, aber für so einen netten, unterhaltsamen Kerl rollt man den roten Teppich eben trotzdem aus.

Der Hase ist die Verkörperung von Licht und neuem Leben, der *Herr des Sonnenaufgangs*. Sein Zwillingsbruder ist der Feuerstein, der Schatten des Westens, der seinerseits den Titel *Herr des Sonnenuntergangs und der Dunkelheit* trägt. Der Kampf zwischen den beiden dauerte lange und forderte viele Opfer. Grausame Schlachten tobten zwischen Westen und Osten, hin und her flogen die Funken. Schließlich besiegte der Hase den Feuerstein mit einer List. Er servierte ihm ein enormes Abendessen, und als der mehr als gesättigte Feuerstein vom Schlaf übermannt wurde, trieb er ihm einen Pflock durch das Herz. Da flogen die Splitter des Feuersteins über die ganze Erde. Einer davon traf den Hasen an der Oberlippe, deshalb hat er heute noch seine *Hasenscharte*.

Im größten Teil Nordamerikas, vor allem in Mexiko und östlich vom Mississippi, galt der Große Weiße Hase als Kulturbringer, später fanden sich viele Hasenlegenden in Longfellows berühmtem Epos von Hiawatha wieder, dem legendären Irokesenhäuptling, der den Indianern das Feuer und den Tabak brachte. Dabei war es ursprünglich der Hase gewesen, der diese Dinge von seinen Reisen mitgebracht hatte, zu seinem und seiner Großmutter Erde Gebrauch. Der Heilige Tabak wurde das Kommunikationsmittel mit den Geistern. Er durfte nie im privaten Rahmen als Droge missbraucht werden. Das Feuer, wohl das größte Geschenk an die Erdenbewohner, kann sogar noch schädlicher sein, wenn man die Kontrolle darüber verliert.

Königin Boudicca, die sich mit ihren Armeen gegen die römischen Besatzer Englands auflehnte, trug den Mondhasen auf ihrem Banner. Dieser war auch der germanischen Göttin Ostara, der Herrin des Frühlings, heilig. Die irischen Bauern halten sich heute noch an das aus matriarchalen Zeiten stammende Tabu, kein Hasenfleisch zu essen. Im Matriarchat war der Hase ein Totemtier. Der Osterhase mit dem zum Zeichen der Wiedergeburt rot gefärbten Ei hat sich bis heute gehalten. Ostern ist das Fest der Wiederauferstehung, die Zeit, in der die Erde mit Blumen und Früchten schwanger geht.

Der Weiße Hase aber lebt und ist munter und wohlauf – vor allem in der Literatur und im Film. Alice im Wunderland kennt ihn und mein Freund Harvey lässt von der Kinoleinwand grüßen. Der Schlingel Bugs Bunny, den man aus dem Fernsehen kennt, hat es in den USA sogar zu einer eigenen Briefmarke gebracht.

Der Himmelshase ist ein Spross des Mondes, ein Fruchtbarkeitssymbol, gedacht als Antwort auf das Gebot: Seid fruchtbar und mehret euch. In der Mythologie der Cherokee ist der Mann im Mond der Vater aller Erdenkinder. In unserer matrilinearen Gesellschaft zählte Blutsverwandtschaft nur, soweit sie sich auf die mütterliche Seite bezog.

Der Hase war auch Leittänzer, und der Zweck des Tanzes ist, das Gleichgewicht der Erde wiederherzustellen. Auch dies gehört zur Persönlichkeit des Zeichens. Humor und Narretei sind es nämlich, die anzeigen, was im Verhalten des *Volkes* richtig bzw. falsch ist, eine sehr wirksame Form der Kommunikation.

Der Hase vermag seinen Kopf um 360 Grad zu drehen, sodass er wirklich rundum sehen kann. Daher können die unter seinem Zeichen Geborenen alle Seiten eines Problems sehen und erkennen. Dies führt manchmal zu Schwierigkeiten bei der Entscheidungsfindung. Und wenn der Hase-Geborene eine Entscheidung trifft, heißt das noch nicht, dass er auch dabei bleibt.

Der Himmelshase war es, der das *Volk* vor der Ankunft der Plejaden und der damit verbundenen großen Flut warnte. Er sammelte die Cherokee auf und trug sie zwischen seinen gebogenen Hörnern über die Wellen, bis das Wasser abfloss und von neuem Land auftauchte. Und er war es, der ihnen erzählte, dass bald die Sonne kommen und eine neue Welt schaffen würde. Dann sammelte er alles auf, was die Flut übrig gelassen hatte, und erschuf so die Erdbevölkerung neu.

Der Hase und der Hirsch waren immer gute Freunde, die einander an Einfallsreichtum wahrhaft ebenbürtig waren. Also veranstalteten sie Wettkämpfe zur Belustigung der Zuschauer. Der Hase war ein notorischer Spieler. Einmal verlor er bei einem Spiel sogar seine Hörner an den Hirsch. Manchmal spielte er, bis er sein letztes Hemd verloren hatte, aber für ihn war das nie ein Problem. Mit seiner Wortgewandtheit redete er sich schließlich aus allem heraus.

Der Hase ist ein Entdecker, jemand, der anderen den Weg zeigt, ein Held mit tausend Gesichtern. Er ist ein Schlingel mit einem Überschuss an nervöser Energie und der Sucht nach Aufmerksamkeit. Jemand, der gerne einen Zankapfel in die Runde wirft, nur um die Spannung ein wenig zu steigern. Aber egal, was er anstellt, er findet immer Vergebung. Denn er repräsentiert all jene Eigenschaften, die in unserer Natur so oft unterdrückt werden: Weichheit, Zärtlichkeit und Verwundbarkeit. Ein geliebtes Flaumbündel in dieser sonst so kalten und grausamen Welt.

Der Schattentanz

Obwohl der Hase geschickt und flink ist, sodass er schnell davonlaufen kann, wenn er erschrickt, ist für ihn auch das Zickzackmuster charakteristisch. So arbeitet er beispielsweise eifrigst an Projekten, die sich als ziemlich sinnlos herausstellen, selbst wenn sie fertig gestellt werden. Wenn er seine großen Coups ausheckt, trinkt er gerne einen über den Durst. Manche Hasen enden deshalb in den Fängen des Alkohols. Unpopuläre Meinungen vertritt er schon deshalb, weil er Auseinandersetzung und Streit provozieren möchte. Seine überschüssige, nervöse Energie führt manchmal dazu, dass er zu große Risiken eingeht, was in Selbstzerstörung enden kann.

Dieses Zeichen macht sich als Angestellter meist besser als in der Rolle des Chefs. Er scheint zwar eine gehörige Portion Selbstbewusstsein auszustrahlen, doch wenn man ein wenig bohrt, merkt man schnell, dass er eigentlich eher unsicher ist. Kann er jedoch die Verantwortung teilen, dann hat auch er Erfolg. Dabei muss man immer wieder sein Selbstbewusstsein stärken. Er ist eine großartige Initialzündung, voll von weltbewegenden Ideen. Allerdings bringt er nur selten etwas zu Ende, denn ihm geht schon lange vor der Zielgeraden der Atem aus – wie in der Fabel vom Rennen zwischen dem Hasen und der Schildkröte bzw. dem Igel.

Fluss – Yun'wi Gunnahi'ta
ᏴᎣ ᎬᎾᎯᏆ

Himmels-richtung:	Osten – Erwachen, Kreativität, das dritte Auge, starke Gefühle.
Symbol:	Ein sich durch die Landschaft windender Fluss
Farbe:	Schillern in allen Farben
Stein:	Regenbogenkristall (bedampfter Quarz)
Element:	Wasser
Blume:	Waldlilie (Trillium erectum)
Pflanze:	Rohrkolben (Typha latifolia)

Auf Erden gilt der Fluss als der Fluss des Lebens, am Himmel ist er der Fluss des Todes, der Pfad der Seelen – die Milchstraße. Wie oben, so unten, denn im Denken der Cherokee ist jedes Ding auf dieser Erde nur ein Schatten seines Gegenstücks am Himmel. Die Milchstraße nennen wir *Gihli'Utsun'stanun'yi*, den Ort, *an dem der Hund rennt*, denn es ist der Hundsstern, der die Seelen in den Himmel geleitet. Der Fluss ist ein Gehilfe von Großvater Mond.

Long Man (Yun'wi Gunnahi'ta), der Mississippi, ist die heilige Personifikation der Milchstraße auf der Erde. Sein Kopf liegt auf dem Gipfel der Berge, seine Füße reichen bis ins Tiefland hinab. Dazwischen erstreckt sich sein Körper. Für alle, die hören und verstehen können, lässt er seine Stimme ertönen.

Menschen, die unter diesem Zeichen geboren sind, haben eine wunderbare Phantasie, sie finden die »Predigt im Stein und das Gute in allem«. Sie leben in einer Welt, die von Feen, Elfen, Kobolden, also dem *kleinen Volk*, bewohnt ist. Alles Große und Wunderbare ist ihre starke Seite. Wenn sie sich darauf konzentrieren, erlangen sie ganz leicht übersinnliche Fähigkeiten. Häufig sind diese Leute wirklich talentierte Unterhalter – Künstler, Schriftsteller, Musiker, Zauberer. Sie fühlen sich von der Welt der Schönheit angezogen oder geben sich einem romantischen Lebensstil hin. Tief in ihnen schlummert die Sehnsucht nach einem Publikum, das sie feiert. Dieser Wunsch findet auf den verschiedensten Wegen Erfüllung. Doch wohin auch immer sich der unter diesem Zeichen Geborene wendet, er hält einen anderen Takt, marschiert zu anderen Rhythmen, die tief aus seiner Seele steigen. Die leuchtenden Farben seiner Welt, die enormen Kräfte, welche aus seinem vulkanischen Inneren steigen, sind den meisten von uns unbekannt. Dieses rätselhafte Fluss-Zeichen bleibt für die breite Masse immer geheimnisvoll.

Die Fluss-Geborenen werden häufig vom Überschwang ihrer eigenen Gefühle überwältigt, die ihr Inneres gehörig durcheinander wirbeln. Auch andere verleiten sie manchmal zu extremen Handlungen – wobei sie diejenigen beherrschen, die in ihren Einflussbereich geraten. Ihr Denken ist stark und unabhängig, daher sind sie sowohl willens als auch in der Lage, all ihre Probleme ganz allein zu lösen. Einfach ist das allerdings nicht, denn sie haben die Gewohnheit, sich zu übernehmen. Sie nehmen jede Verantwortung schrecklich ernst und verzetteln sich daher gerne in spekulativen Labyrinthen. Hat man sie mit positiven Rollenbildern vertraut gemacht, dann übernehmen sie Verantwortung und geben gute Führungspersönlichkeiten ab.

Diese Menschen haben ein natürliches Gefühl für den großen Auftritt, was sowohl Segen als auch Fluch sein kann. Wenn das Glück auf ihrer Seite ist, machen sie ihren Weg an die Spitze wie ein Bulldozer. Lächelt ihnen Fortuna aber nicht, dann versumpfen sie in den Katerstimmungen ihres destruktiven Lebensstils. Ein tief sitzender Minderwertigkeitskomplex aktiviert manchmal die zwanghafte Suche nach Anerkennung. Unglücklicherweise geben sie damit ein schlechtes Beispiel für ihre Fans und lenken deren revolutionäre Impulse auf das simple Ziel des Charismatisch- und Sexy-Seins.

Dieses Zeichen geht gerne Risiken ein. Leider geht es damit nur allzu oft baden und zieht alle, die es bewundern, mit in den Strudel. Mit geradezu missionarischem Eifer nimmt es alles auf, was es finden kann und umspült es, bis es sich von der Strömung trägt lässt – wie ein Fluss, der alles aufsammelt und mit sich fort nimmt.

Die geborenen Führungspersönlichkeiten aus diesem Tageszeichen haben einen Traum, und sie sind durchaus bereit, ihr Leben seiner Realisierung zu widmen. Ihr Zielbewusstsein, ihre Energie bei der Durchsetzung liegt weit über dem, was schlichte Pflichterfüllung hervorbringt. Sie sind voll und ganz davon überzeugt, dass es nur einen Weg gibt – den ihren. Keine halben Sachen, es geht immer um alles oder nichts. Und diese Haltung ist es, die letztlich bei vielen Unternehmungen zum Erfolg führt. Wenn die Fluss-Geborenen dann auch noch lernen, die Verantwortung für ihr Tun und ihre Entscheidungen zu übernehmen, dann können sie unbegrenzte Höhen erreichen.

Doch nicht jeder Preis ist den Schweiß wert, den man dafür aufgewendet hat. Die Geborenen dieses Zeichens stoßen entweder bis in die Sphären des Erzengels Michael vor oder sie folgen Luzifer, dem Erzfeind, auf seinem Kollisionskurs tief hinab in die Höllenglut. Für den Fluss-Geborenen ist das Licht beider gleich hell und leuchtend. Es winkt ihm mit derselben Intensität. Die Fähigkeit, die Guten ins Töpfchen und die Schlechten ins Kröpfchen zu tun, ist hier von entscheidender Bedeutung.

Wasser ist wie Kunststoff, es kann jede Form und Farbe annehmen – wie ein Chamäleon. Es passt sich der Form jedes Trinkgefäßes an. Dessen Grenzen sind es, welche die Form des Wassers bestimmen. Egal, ob es sich nun fest, flüssig oder gasförmig präsentiert, es ist auf jeden Fall das vielseitigste Element im Universum, das produktivste und das vitalste. Es kann sich jedem Raum, jeder Form angleichen. Und fast alles kann in Wasser gelöst werden. Es ist farblos, geruchlos und geschmacklos. Diese unvorstellbare Vielseitigkeit wirkt Wunder, wenn sie richtig kanalisiert und dirigiert wird.

Der unter diesem Zeichen Geborene erhält normalerweise viel Anerkennung für seine Leistungen, seien sie nun positiver oder negativer Natur. Sein eigener Schwung trägt ihn bis ganz nach oben. Er hat einen direkten Draht zur *Hotline* des Universellen Bewusstseins, er muss ihn nur benutzen.

Zum Fluss gehören Sturm, Regen, Regentropfen – und Tränen. Alles Leiden, alle Sorgen, alle Sünden finden in diesem Zeichen Gehör. Daher ist eines der vorherrschenden Gefühle Traurigkeit sowie der intensive Wunsch, das Leiden der Mitmenschen zu verringern. Die großen Meister, welche die Menschheit Brüderlichkeit lehren, kehren regelmäßig wieder, um uns dem Großen Weißen Licht näher zu bringen. Duyugdun – »Es ist richtig.« Das Mondlicht auf dem Fluss lässt die Funken der Kreativität aufblitzen – Mond und Wasser sind die männlichen Grundprinzipien, welche Mutter Erde befruchten. So ist der Fluss die Quelle des Lebens.

Der Schattentanz

Die heftigen Leidenschaften dieses Zeichens müssen kontrolliert werden, und sei es mit Anstrengung. Dazu braucht der Betroffene den Rat reifer Menschen, die ihm helfen, die Grenzen des Lebens zu respektieren. Die Fluss-Geborenen neigen dazu, dem System die Schuld zu geben, wenn etwas nicht klappt. Die größte Herausforderung für sie liegt darin, nicht nur für Erfolge, sondern auch für Fehler Verantwortung zu übernehmen.

Wenn Sie nicht lernen, sich selbst zu disziplinieren, werden dies andere für Sie übernehmen. Sonst brechen sich unkontrollierte, primitive Triebe ihre Bahn und führen zu Machtmissbrauch, sexuellen Verirrungen, Alkoholismus, Drogenmissbrauch und anderen Fehlhaltungen. Spülen Sie die negativen Gedanken aus sich heraus. Lassen Sie sie mit dem Strom davonziehen.

Nutzen Sie die dynamische Kraft, die in Ihnen steckt. Formen Sie sie mit Ihrem Willen. Denken Sie daran, dass die ganze Welt einst durch eine Flutkatastrophe zerstört wurde – als der Fluss außer Kontrolle geriet.

Wolf – Kana'ti

ᎧᎾᏘ

Himmels-richtung:	Norden – Weisheit, innerhalb der Gruppentradition ein kreativer Geist, Reinigung – die Härte von Kälte und Sturm.
Symbol:	Wolf
Farbe:	Sandfarben
Stein:	Obsidian
Element:	Luft
Blume:	Kornblume (Centaurea cyanus)
Pflanze:	Hartriegel (Cornus canadensis)

Am Himmel wird der Wolf zum einen von Sirius, der dort steht, wo die Milchstraße (der Pfad der Seelen) den Horizont berührt, und am anderen Ende von Antares repräsentiert. Einer der beiden ist immer sichtbar, aber niemals beide zur selben Zeit. Wenn die Seele den Pfad betritt, muss sie zuerst auf einem Balken einen reißenden Fluss überqueren. Allerdings gelangen nur die wirklich Tapferen hinüber. Die Schwachen stürzen in die Fluten. Dann muss die Seele *Agise'gwa,* das Große Weibliche (Sirius), und *Qa'hyaya',* das Große Männliche (Antares) füttern, damit sie ihm erlauben, den Pfad weiter zu beschreiten. Scheitert sie dabei, so wird die Seele gefangen und muss auf ewig den Großen Fluss des Himmels (die Milchstraße) auf und ab wandern.

Der Wolf ist unser Bruder. Er hat dieselben Wurzeln wie wir. Auch sein Stammbaum reicht zurück in die graue Vorzeit. Alle Hunde sind letztlich gezähmte Wölfe. Dieser Prozess fand vor so langer Zeit statt, dass sich die Mythen, in denen es um Kameradschaft und Führung geht, häufig um einen zahmen Wolf drehen – den Hund.

Doch nur das wilde, in Freiheit lebende Geschöpf, das bei Vollmond dem Himmel ein Lied singt, ist Kana'ti, der Glückliche Jäger, der wirkliche Wolf, der Gefährte des Mondes und des Menschen auf deren Weg durch die Dunkelheit, vor allem in den letzten Stunden, kurz bevor das Licht wieder geboren wird. Dies ist die Stunde des Wolfes, die Zeit von Geburt und Tod, die Grenzlinie zwischen Tag und Nacht.

Der Wolf ist das Verbindungsglied zwischen der Dunkelheit der Anderswelt und dem Licht der alltäglichen Existenz, eine Art übersinnliches Tor zwischen den beiden Reichen. Obwohl Medizinfrauen bzw. -männer meist unter dem Zeichen des Klapperschlangenzahns geboren sind, ist ihr Geisttier, der Gefährte ihrer Reisen, meist ein Wolf. Lange bevor es die Zentralheizung und elektrische Heizdecken gab, wurde der zahme Wolf des Schamanen dazu benutzt, die Patienten warm zu halten. Eine der magischen Heilformeln wendet sich an den Wolf zur Heilung von Frostbeulen, denn seine Pfoten galten als unempfindlich gegen Frost. Die Wolfsmaske zu tragen, zusammen mit dem buschigen Schwanz, den Pfoten und den Klauen des Wolfes, bedeutete, dass jemand für sich in Anspruch nahm, ein Heiler, ein Ada'wehi, zu sein. Jemand, der hingegen mit Zaubersprüchen und Liebestränken arbeitet, würde eher die Weisheit von Großmutter Spinne anrufen.

Der Wolf ist als Persönlichkeit sehr ambivalent: Seinen Artgenossen gegenüber ist er liebenswürdig und freundlich, Außenseiter hingegen lässt er seine ganze Wildheit fühlen. Er liebt die Freiheit und den weiten, offenen Raum. Einsperren lässt er sich jedenfalls nicht. Paradox ist allerdings, dass er sein Territorium genauestens markiert, um anderen Grenzen zu setzen.

Der Wolf ist ein Patriarch und glaubt fest daran, dass für Männer und Frauen unterschiedliche Gesetze gelten. Es gibt unter Wölfen eine genau festgelegte Rangordnung, bei der das Alphamännchen an der Spitze steht. Das Alphaweibchen hat unter den Frauen das Kommando. Jedes Mitglied des Rudels kennt seinen Rang aufs Genaueste, und jeder, der sich dagegen auflehnt, wird hinausgebissen und muss sein eigenes Rudel gründen oder als einsamer Wolf leben.

Nur das Alphapaar darf Nachkommen zeugen, die dann vom gesamten Rudel versorgt werden. Und unterhalten! Wölfe sind ausgesprochen soziale Tiere. Sie jagen zusammen, bringen das Futter in den Bau, wo zusammen mit den Jungen gefressen wird. Ihre Nachkommen tragen sie zwischen den messerscharfen Zähnen herum. Die alte Sage, nach denen eine Wölfin die römischen Zwillinge säugte, fesselt seit Jahrtausenden die Zuhörer. Sie ist so zeitlos wie die Ewige Stadt selbst. Und tatsächlich kümmern sich bei den Wölfen nicht nur die Elterntiere um die Jungen, sondern jedes einzelne Rudelmitglied. Im Rudel herrscht eine Atmosphäre freundlicher Verspieltheit. In mondhellen Nächten versammelt man sich, um miteinander den Mond anzuheulen. Ein Geheul, das kräftig von den Berggipfeln zurückhallt! Auch dies ist eine Form, miteinander Kontakt aufzunehmen, so wie man mit Freunden oder Verwandten telefoniert, die weit entfernt wohnen. Sie bellen den Mond an und heulen, weil sie den Klang der eigenen Stimme lieben. Eine Art gebelltes Powow (Ratsversammlung) also.

Dieses Tageszeichen steht für Aktivität und Bewegung, aber auch für den Wechsel zwischen der spirituellen und der körperlichen Ebene. Es patrouilliert freiwillig um Haus und Nachbarschaft herum, aber keineswegs aus Wanderlust, sondern eher, weil es die »Heimatfront« schützen will.

Wir haben hier einen Wegbereiter vor uns, der Reisende durch das Labyrinth dieser und der nächsten Welt geleitet, einen Navigator durch bisher unbefahrene Wasser, der exakt fühlt, wohin er geht, auch wenn er dort noch nie war. Dieses Zeichen spricht für eine mutige und großzügige Persönlichkeit, die sich zu großen Taten berufen fühlt. Eine Art Dynamitstange mit einer äußerst kurzen Zündschnur. Dieser Typus fährt Ski auf einer Lawine, rettet die Jungfrau aus höchster Not, surft beim Vulkanausbruch auf der Lava und bläst dem Drachen das Feuer aus. Dieser Mensch teilt alles, was er hat, seien es nun weltliche Güter oder Ideen, mit den Ärmsten der Armen. Und er hat viel zu geben, denn die Erde beschenkt ihn reichlich mit ihren Gütern. Und das nur, weil er so gerne hilft.

Eine Wolfspersönlichkeit ist meist sehr erfolgreich, wenn sie sich selbstständig macht. Sie weiß, wie man die Loyalität der Mitarbeiter gewinnt, weil sie sich mit ihnen wirklich wohl fühlt. Seltsamerweise verfügt sie aber auch über Teamgeist, weil sie weiß, dass man erst gemeinsam richtig stark ist und dass es wichtig ist, von ganz unten zu beginnen und sich den Weg hochzuarbeiten. Diplomatisches Geschick ist bei ihm immer mit einem Schuss Humor gepaart. Taktgefühl ist wie Öl für die Maschinerie des gemeinsamen Arbeitens, und das gilt auf allen Ebenen.

Der Wolf ist ein Charakter mit vielen Facetten und mit einem nahezu unbegrenzten Potenzial – als Elternteil, Lehrer, Heiler, Beschützer, Wandler, Pfadfinder im wörtlichen Sinne. Er ebnet den Weg, hütet die Herde, ist aber gleichzeitig auch mit Trickster (schelmisches, unberechenbares Wesen), dem Kojoten, verwandt. Er ist der Höllenhund und der Himmelsstürmer gleichermaßen. Er ist scharf wie Obsidianklingen und sanft wie ein Lamm.

Der Schattentanz

In den Volksmärchen ist es immer ganz einfach, den Teufel zu erkennen. Er hat nämlich keinen Schatten. Auch der Wolf, als zeitweiliger Bewohner der Dunkelheit, wirft keinen Schatten. Daher nimmt er leicht teuflische Züge an, ohne sich dessen bewusst zu werden. Denn Macht korrumpiert nun einmal häufig. Es liegt in der Natur dieses Zeichens, dass es zum Vorbild für andere wird, vor allem, wenn es sich um Kinder oder von ihm abhängige Menschen handelt. Manchmal unterdrückt der Wolf den freien Willen seiner Mitgeschöpfe und schafft damit Rebellen. Auch kann dieses Zeichen extrem dickköpfig und emotional unreif sein, eifersüchtig auf sein Territorium und seine Rechte bedacht. Dann stößt er schnell an seine Grenzen, wenn er teilen oder anderen vertrauen soll.

Vielleicht lassen auch Sie sich gerne darauf ein, das Drama der Vergangenheit immer und immer wieder von neuem aufzuführen und dabei die ganze Gefühlsskala von Eifersucht, Wut und Angst noch einmal durchzuspielen. Schieben Sie diesen Neigungen unnachsichtig den Riegel vor. Was haben Sie schon von diesen Windmühlenkämpfen! Geben Sie sich lieber dem Hier und Jetzt hin! Ist das Leben nicht schön – heute?

Waschbär – Kvh'li
EP

Himmels-richtung:	Westen – Donner und Blitz, glanzvolle herbstliche Sonnenuntergänge und fallende Blätter, Leidenschaft und Wandlung.
Symbol:	Waschbär
Farbe:	Kupfer
Stein:	Bernstein
Element:	Erde
Blume:	Frauenschuh (Cypripedium calceolus)
Pflanze:	Pfefferminze (Mentha piperita)

Der Waschbär am Himmel ist Algol, ein Stern im Sternbild Perseus. Sein Geist findet keine Ruhe, da er um eine vor langer Zeit verlorene Liebe klagt. In Sommernächten, so heißt es, soll er auf die Erde kommen und nach ihr suchen. Wenn er sie gefunden hat, nimmt er sie mit an den Himmel, wo sie neben ihm scheint. Die Sterngucker früherer Zeiten nannten Algol den Dämonen oder den Schurken, weil er manchmal heller, manchmal dunkler erscheint. Die moderne Astronomie hat herausgefunden, dass seine Lichtstärke nur deshalb nachzulassen scheint, weil er von einem dunkleren Geschwisterstern verdeckt wird.

Der Waschbär ist das liebste Wildtier des *Volkes*. Wenn er sehr jung ist, lässt er sich leicht zähmen. Dann wird er zum liebevollen, schnuckeligen Haustier. Diese klugen, jungen Tierchen lernen schnell, wie sie Taschen leeren oder Leckereien finden können, ganz egal, wo sie versteckt sind. Und für ein paar Süßigkeiten gibt es auch Küsschen. Sie öffnen Marmeladengläser und entkorken

Flaschen, sogar Riegel an Käfigen stellen für sie kein großes Hindernis dar. Es ist nur eine Frage der Zeit, wann sie lernen, wie sie den Türgriff drehen müssen und was dies bewirkt. Sie sind richtige kleine Schlingel. Und dabei eng mit den großen Bären verwandt: Bei ihnen kann man gefahrlos eine bärige Umarmung genießen. Und all das trifft auch auf die unter diesem Zeichen Geborenen zu.

Waschbären-Menschen haben eine höchst anziehende Persönlichkeit. Sie sind Leittänzer, lieben Lieder, Spiele, den gemeinsamen Umtrunk, Unterhaltung, Aufregung und sind darüber hinaus noch meisterliche Schauspieler. Es handelt sich um sehr sinnliche Menschen, die mit der Fruchtbarkeit der Erde verbunden sind, das vom Wechselspiel zwischen Regen und Sonne gespeist wird. Voller Humor, Fröhlichkeit und Freude vermitteln sie einem das Gefühl prickelnden Champagners. Sie lassen an Blumen denken und Luftballons und immer stehen sie mitten im Leben. Daher kommen sie zwar selten pünktlich, aber im Grunde macht das nichts, denn die Party beginnt ja sowieso erst, wenn sie auftauchen.

Die Maske, die das Tier unübersehbar trägt, weist auf Versteckspiel und Geheimnistuerei hin, vielleicht auch auf Oberflächlichkeit und mögliche Enttäuschungen. Ganz sicher ist die Show ein Teil ihrer Persönlichkeit. Aber schließlich will das Publikum im Theater ja bewusst getäuscht werden. Alles ist Märchenphantasie zur Ergötzung der Zuschauer, die im Theater sind, um unterhalten und nicht belehrt zu werden.

Der Waschbär lebt hoch oben in den Bäumen, in Höhlen, die sich dort bilden, wo Äste abfallen. Sie sind sehr sozial und gehen in der Familie auf – auf matrilineare Weise. Die Mutter lebt mit ihren Jungen zusammen und baut immer neue Betten in der Höhle, bis kein Platz mehr ist. Der Vater hingegen geht gleich nach der Begattung seiner Wege. Er spielt bei der Aufzucht der Kleinen keine Rolle. Dieses Muster ähnelt der alten matrilinearen Struktur der Cherokee: Bei uns gehören wie gesagt alle Kinder zum Klan der Mutter. Der Vater hingegen zählt nicht einmal zu den Blutsverwandten.

Waschbären sind ausgesprochen stimmbegabt. Ihre Kleinen glucksen und lallen wie Menschenbabys. Wenn sie älter werden, lernen sie zu knurren, zu bellen und sogar Vögel zu imitieren.

Ihre *Alltagssprache* ist eine Art sanft moduliertes Gurren. Die Tagesstunden verbringt die Familie meist faul in der Sonne liegend. In der Dämmerung beginnen sie dann, gemeinsam nach Futter zu suchen. Mit ihren langen Fingern stöbern sie Frösche, Krebse, Muscheln, Austern usw. auf. Beim Fressen sind sie sehr penibel. Sie waschen ihre Nahrung gründlichst, bevor sie sie zu sich nehmen. Auch Eier, Nüsse, Früchte und Beeren verachten sie nicht – ihre Lieblingsspeise aber ist Honig. Anders gesagt, sie essen letztlich dasselbe wie wir Menschen.

Eigenartigerweise gehört der Mais zu ihren Leibspeisen. Mais ist das Hauptnahrungsmittel der Cherokee. Zur Zeit des Grünmaistanzes, wenn der junge Mais beginnt, milchig zu werden, kann man Waschbärmütter beobachten, die ihren Jungen beibringen, wie sie den Maisstängel herunterbiegen und die jungen Kolben pflücken und schälen müssen, um zu den zarten, jungen Körnern vorzudringen. Genauso schälen Menschen ihre Maiskolben. Doch bei ihnen lassen die Tischmanieren zu wünschen übrig, denn sie vergeuden mehr, als sie essen. Auch dies ist den Personen dieses Zeichens eigen – sie denken nicht an morgen, sondern leben nur für das glanzvolle Heute. Wenn man diese Philosophie nicht übertreibt, dann ist dies sicher auch der beste Lebensweg.

Zu diesem Tageszeichen gehören nicht nur die großen Showmaster, Waschbären gelten auch als hervorragende Künstler und Handwerker. Ihre sensiblen Finger schaffen phantasievolle Muster beim Weben, Töpfern, Goldschmieden und Schneidern. Sie lassen unter ihren geschmeidigen Händen Gemälde von einzigartiger Schönheit entstehen. Wenn dieser künstlerische Drang richtig kanalisiert und gelenkt wird, sind die Ergebnisse atemberaubend.

Im Theater des Lebens spielen die Waschbär-Geborenen gerne den Clown. Sie brauchen viel Aufmerksamkeit und finden sie auch. Das ist so sicher wie das Amen in der Kirche. Ihre Vielseitigkeit lässt sie mitunter auch nach Anführerschaft streben, doch sie sind nicht gerade geborene Gefolgsleute. Wenn sie nicht zu Führungspositionen aufsteigen, suchen sie ihren Platz im Rampenlicht als Schriftsteller, Lehrer, Journalisten, Anwälte oder Kritiker. Sie singen gerne ihr eigenes Loblied. Das zieht mitunter Anhänger an, die in dieser Aggressivität eine Art Charisma wahrzunehmen glauben.

Der zu diesem Zeichen gehörige Bernstein ist eigentlich ein Naturharz. Die Griechen nannten ihn *elektron*, »der Funkelnde«, denn er produziert natürliche Elektrizität, wenn man ihn reibt, und schenkte dem Menschen eine erste Ahnung von diesem Phänomen.

Der Waschbär-Geborene neigt nicht zum Klatsch, da er sich nicht berufen fühlt, andere zu verurteilen. Schließlich steckt die Welt so voller Wunder, die es zu entdecken und genießen gilt, dass man sich mit dem Staub zu den eigenen Füßen erst gar nicht aufhalten sollte. Wahre Freude findet dieses Zeichen in der Schönheit der Erde und in ihren Schätzen. Und es wünscht einfach, dass jeder glücklich sein möge.

Der Waschbär ist der maskierte Räuber, der die Herzen der Damen stiehlt, und nicht etwa so profane Dinge wie Gold oder Silber. Wie der Moonlight Gambler im amerikanischen Folksong setzt er mitunter alles auf eine Karte. Auf den Herzbuben oder die Herzdame, denn diese Karten passen zu den Waschbär-Geborenen.

Der Schattentanz

Manchmal ist der Waschbär zu nachsichtig mit sich selbst. Dann neigt er dazu, überempfindlich zu sein, sich auf Kosten anderer aufzubauen und sich über Schwächere lustig zu machen. Auch der Rückzug aus der Gesellschaft ist möglich. Dann wird der Selbstausdruck aus Angst vor Kritik unterdrückt. Denn der Waschbär fühlt sich manchmal *nicht ausreichend*. Dann versteckt er sich hinter seiner Maske und spielt den Narren.

Es mag schwierig sein, so lange durchzuhalten, bis man in allen Unternehmungen zur Meisterschaft gelangt ist und seinem Traumschloss auf diese Weise ein solides Fundament verliehen hat. Da ist es doch viel leichter, in die Welt des Scheins auszuweichen. Dann aber macht die daraus entstehende Unsicherheit es schwierig, den Mut zusammenzunehmen und sich neuen Herausforderungen zu stellen. Folgt dann nicht die Anerkennung auf dem Fuße, dann wird das Ego des Waschbären einer harten Prüfung unterzogen. Besteht er sie nicht, wird er arrogant, herrisch und dominant.

Präsident Kennedy meinte einmal, wir sollten uns doch fragen, was wir für unser Land tun können, statt ständig darauf zu sehen, was dieses für uns tut. Der Waschbär gleitet so leicht in die Rolle dessen, der immer nur nimmt, ohne je etwas zurückzugeben. Wenn wir aber das Gleichgewicht der Erde aufrechterhalten wollen, müssen wir sowohl das Geben als auch das Nehmen lernen.

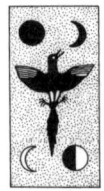

Klapperschlangenzahn – Kanu'ga
ᎧᏅᎦ

Himmels-richtung:	Süden – grünes Gras, Heilkräuter, Leben mit Kompromissen, das Gleichgewicht zwischen Leben und Tod, der Hüter des Weges.
Symbol:	Der Caduceus, der geflügelte Stab mit den beiden Schlangen
Farbe:	Weiß
Stein:	Elfenbein
Element:	Feuer
Blume:	Silberglöckchenbaum (Halesia carolina)
Pflanze:	Sweetgrass, Vanillegras (Hierochloe odorata)

Am Himmel findet sich das Zeichen des Klapperschlangenzahns im Regenbogen wieder, im zarten Spiel der elektromagnetischen Strahlen der Sonne, die sich in die sieben Spektralfarben auffächern: Violett, Indigo, Blau, Grün, Gelb, Orange und Rot. Das Tageslicht ist Weiß, eine Mischung aus allen Farben. Die Nacht hingegen ist Schwarz, alle Farben sind dann verschwunden. Sonne und Mond, Nacht und Tag, materielle und geistige Welt kommen zusammen, um die Glorie des Himmels zu feiern.

Regentropfen projizieren die schöne Fata Morgana in den Himmel: Wasser ist der große Heiler von allem Leben.

Klapperschlangenzahn ist das Tageszeichen der Medizinfrau bzw. des Medizinmannes, des Schamanen, Priesters und Heilers – aber auch das des Zauberers.

Der Medizinmann trug einen Kopfschmuck aus Pelz mit Büffelhörnern. Im Gehäuse einer Sumpfschildkröte bewahrte er seine

Heilkräuter auf. Trommeln, Rasseln, Grasstängel und Flaschen-kürbisbehälter waren sein Handwerkszeug. Mit Perlen stellte er seine Diagnose und sagte das Schicksal des Patienten voraus. *Hot-house* (Osi) nannte man das Hospital der indianischen Bevöl-kerung.

Dort wurde der Kiefer der Klapperschlange mit entsprechen-den Gebeten vorbereitet und dann dazu benutzt, die Haut eines Patienten zu bestreichen bzw. zu ritzen, damit dann die Kräuter-medizin aufgetragen werden konnte. Dabei ging der Medizin-mann nicht so tief, dass Blut floss, sondern gerade so tief, dass ein *Eingang* für die Kräuter geschaffen wurde.

Die unter diesem Zeichen Geborenen sind stoische Individua-listen, die sich nicht leicht aus der Ruhe bringen lassen. Sie sind höflich, werden selten wütend und reagieren auf alles mit heiterer Gelassenheit, ganz egal, wie sehr es in ihnen unter der Oberfläche auch brodeln mag. Und auch hier sind die Wasser tief. Unter die-sem glänzenden Furnier liegt nämlich immer ein Körnchen Un-zufriedenheit. Der Drang, Kompromisse zu schließen, liegt im Widerstreit mit dem Verlangen nach Rebellion, sodass sich der Betroffene immer zwischen den Anforderungen der Gesellschaft und dem Wunsch, die innere Wahrheit des Lebens zu erfahren, hin- und hergerissen fühlt. In der relativ stabilen äußeren Schale steckt eine sehr zarte Knospe. Diese Menschen sind in Wirklich-keit sehr empfindlich und leicht zu verletzen. Sie holen sich leicht blaue Flecken, körperlich und seelisch gleichermaßen. Die Unter-drückung der vielfältigen emotionalen Spannungen schließlich kann zu häufigen, wenn auch vorübergehenden Krankheiten füh-ren, die nicht lebensbedrohlich sind.

Das Dunkle Land des Westens (das Reich des Todes) und die *nächtlichen* Geheimnisse der Menschen üben auf dieses Zeichen eine enorme Faszination aus. Jeder Beruf, der diese dunklen Be-reiche des Kosmos auslotet, befriedigt ein grundlegendes Bedürf-nis und trägt dazu bei, diesen fruchtbaren Geist vor der Selbst-zerstörung zu bewahren.

Und doch verfügen diese Menschen auch über eine enorm praktische Begabung, die sich mit der Neugier und Intuition des Entdeckers paart: Sie wollen den Dingen auf den Grund gehen. Sie sind Problemlöser, gut in Detailfragen, auf Sorgfalt bedacht. Sie treffen ihre Entscheidungen auf unumstößliche Weise und ordnen sinnvolle, praktisch gut umzusetzende Befehle an. Daher geben sie gute Ingenieure, Architekten, Forscher, Philosophen und Mathematiker ab. Auch auf Bühnen jedweder Art machen sie sich nicht schlecht, da sie einen guten Kontakt zum Publikum herstellen können.

Klapperschlangenzahn-Menschen erlangen gewöhnlich Erfolg und Popularität, weil sie konservativ und praktisch veranlagt sind. Doch für alles, was ihnen der Mühe wert erscheint, strengen sie sich auch wirklich an. Sie sind ehrgeizig und arbeitswillig, daher erwarten sie, früher oder später an die Spitze der Pyramide zu gelangen. Sie sind ausgesprochen wettbewerbsorientiert, würden aber alles tun, um direkte Auseinandersetzungen zu vermeiden. Schließlich wollen sie nicht die Pferde scheu machen. Auch hier spiegelt sich eines der Grundprinzipien der Cherokee wider: »Wir werden Ruhe und Frieden haben, auch wenn wir vorher ein paar Kopfnüsse austeilen müssen.«

Die Cherokeepriesterinnen und -priester früherer Zeiten fungierten als direkter Kommunikationskanal zwischen dem *Volk* und dem Großen Geist. Vor jeder Zeremonie blies man heiligen Rauch in alle sieben Himmelsrichtungen, um einen Schutzschild gegen böse Geister zu schaffen. Und der Rauch des offenen Feuers war es auch, der die Botschaften der Menschen in den Himmel trug. Die Rassel, das Öl und das Fleisch der Klapperschlange waren geheime Kultgegenstände. Die Priester benutzten sie quasi als *Resonanzkörper,* wenn sie durch das Orakel mit den Ahnen, Geistern und Anderweltbewohnern in Kontakt treten wollten.

Der Silberglöckchenbaum als dem Klapperschlangenzahn zugeordnete Blume passt sehr gut, denn das Cherokee-Wort für Klapperschlange ist *Utsa'nati,* und das bedeutet: »Er hat eine Glocke.« (Was sich auf die Rassel am Schwanzende bezieht.)

Das Vanillegras (die zugeordnete Pflanze) wurde in gemäßigten Klimazonen schon seit jeher als Arzneipflanze genutzt. Sie ist quasi die amerikanische Variante des Schilfs, welches als Körbchen den Kindhelden beschützt, wenn sein Leben in Gefahr ist. Der biblische Moses und der ägyptische Horus wurden beide der Legende zufolge in Schilfkörbchen den Wassern anvertraut, welche sie zu ewigem Leben trugen.

Krankheit ist ein Zeichen für den Verlust des Gleichgewichts. Heilung dagegen bedeutet, den menschlichen Geist wieder mit dem Großen Geist auszubalancieren. Das Klapperschlangen-zahn-Zeichen ist empfänglich für die Schwingungen des Universums, ein Kelch für das Wasser des Lebens. Es ist der Hüter des Weges – von Leben, Tod und Wiedergeburt.

Die unter diesem Zeichen Geborenen sind ausgesprochen sensibel, was immer wieder zu diversen Leiden führt. Doch ist es eben diese Sensibilität, die ihnen ihren außergewöhnlichen Weitblick verleiht. Diese angeblich *übersinnliche* Gabe, mit denen diese Menschen manchmal Dinge vorausahnen können, beruht letztlich auf einer ausgeprägten Beobachtungsgabe und einem intensiven Einfühlungsvermögen. Wirklich übersinnliche Begabungen gehorchen nämlich Gesetzen, die der Mensch bisher noch nicht enthüllt hat. Menschen dieses Zeichens halten gewöhnlich »Augen und Ohren weit offen, den großen Mund aber geschlossen«. Sie sind die Hüter der Schlüssel zum Geheimen Reich.

Klapperschlangenzahn-Geborene strecken ihre Hand nach dem Goldtopf aus, der sich am Ende des Regenbogens befindet. Sie suchen vergrabene Schätze in den gewaltigen Festungen der Berge und erforschen die Schatten im Tal des Todes. Ein moderner Ritter auf der Suche nach dem Gral, eine Königin Boudicca, die ihr Reich verteidigt, der Sucher nach dem Weißen Pfad des Glücks.

Der Schattentanz

Die Geschichte zeigt, dass die größten Visionäre aller Zeiten von ihren Zeitgenossen immer als verrückte Spinner, Geisteskranke oder bestenfalls als Trottel abgetan wurden. Leider gibt es diese Neigung, alle, die *anders* sind, als *bösartige Hexen und Hexer* zu brandmarken. Sokrates bekam Schierling zu trinken, Johanna von Orleans wurde auf dem Scheiterhaufen verbrannt – von ihrem eigenen Volk, das sie zu retten versuchte. Dies zeigt, wie wichtig es ist, in allem die Balance zu wahren und weder die Rolle des Sünders noch die des Heiligen zu spielen.

Emotionalen Stress in sich zu speichern kann sehr zerstörerisch sein. Sehr starke Gefühle verlangen nach einem Sicherheitsventil, da sie sonst Explosionen verursachen. Hier wirkt am besten ein Gespräch mit Freunden. Auch körperlicher Ausgleich –

Joggen, Mannschaftssport – ist ein ausgezeichnetes Gegenmittel gegen inneren Druck. Der Magier, der seiner Fingerfertigkeit und seinem Talent dadurch Ausdruck verleiht, dass er sein Publikum fesselt, hat eine gesunde Form gefunden, diese Energie in die Wirklichkeit zu entlassen – so lange er selbst nicht an seine Taschenspielertricks glaubt.

Schilfrohr – l'hya
TꙨꙩꙮ

Himmels-richtung:	Osten – Schöpfung und Wiederauferstehung, das Kommen des Lichts, neue Richtungen, die Ketten sprengen, die uns binden.
Symbol:	Schaft des Rohrkolbens, Maisstängel
Farbe:	Gelb
Stein:	Jade
Element:	Wasser
Blume:	Kürbisblüte (Cucurbita pepo)
Pflanze:	Das Haar des Maiskolbens (Zea mays)

Schilfrohr ist die irdische Widerspiegelung des Sterns *Chaga'see*. Zusammen mit *Chawa'see* (Feuerstein) bildet dieser Stern das Paar der Heldenzwillinge, die sich in das Dunkle Land des Westens aufmachten, um die Tochter der Sonne zurückzuholen. Sieben Männer trugen den Sarg, in welchem man sie zurückbrachte, um ihr das Leben wiederzugeben. Dieser Sarg wird am Himmel mit dem Sternbild Zwillinge *(Gunesun'ee)*, *Chaga'see* mit Pollux (von Castor und Pollux) identifiziert. In der Cherokee-Mythologie ist das Schilfrohr (Rohrstock, Kain) der schöpferische Bruder, während Feuerstein (Messer, Stein, Abel) derjenige ist, der Tiere tötet, also zerstörerisch wirkt.

Menschen dieses Zeichens sind äußerst scharfsinnig. Wenn sie für etwas kämpfen, was der ganzen Gesellschaft nützt, bringen sie alle Früchte der Erde zum Gedeihen. Ihr Schicksal ist es, ihr eigenes Bewusstsein und das der anderen gleichermaßen zu steigern.

Die Schilfrohr-Geborenen sind entweder sehr groß oder von robustem, statuengleichem Körperbau. Sie folgen immer dem Pfad der Tugend (auch wenn sie ihn manchmal selbst definieren). Sie kämpfen gerne für Prinzipien, sind wahre Kreuzritter. Dabei blicken sie den Fakten immer möglichst ins Auge, meditieren ein wenig darüber und entwickeln dann einen Plan, wie man mit den unleugbaren Tatsachen umgehen kann. Sie schieben die Verantwortung nicht ab. In der Arbeit sind sie fleißig, aber mit demselben Eifer genießen sie auch ihre Freizeit.

Von denen, die mit ihm zusammen sind, wird dieses Zeichen gewöhnlich sehr geschätzt. Dies gilt für den Geschäftsbereich ebenso wie für die soziale Ebene. Auch sie sind Wegbereiter, inspirierende Lehrer, Anführer mit einer großen Anhängerschar. Sie studieren die menschliche Natur, sind Meister der alten Weisheiten und folgen getreulich den alten Ritualen ihrer Vorfahren.

Dieses Zeichen verfügt über eine enorme geistige Kraft, welche in der Tiefe nach den zu Grunde liegenden Fakten forscht und bohrt. Schilfrohr-Geborene lesen aus den Linien, welche das Leben in die Gesichter der Menschen gegraben hat. Sie sehen dem anderen in die Augen und erfahren seine Seele. Und sie nennen das Kind beim Namen. Die Wahrheit ist für sie ein Fetisch, denn sie glauben, dass Wahrheit frei macht.

Wenn diese Menschen innerlich still werden und anfangen, dem Wind zu lauschen, vernehmen sie die Melodie des universellen Bewusstseins. Und darin liegt wiederum die Quelle der Weisheit aller Zeiten und aller Kulturen.

Schilfrohr wurde benutzt, um Blasrohre und Pfeilschäfte anzufertigen. Es steht für den Krieger, der für die gerechte Sache kämpft, um andere zu beschützen. Diese Menschen werden von den anderen Mitgliedern der Gesellschaft stets hoch geschätzt. Schrecklich aber ist der Eroberungskrieg, der die Grenzen der anderen überschreitet. Und doch tritt dieses Zeichen dafür ein, Schwerter zu Pflugscharen zu machen, und zwar nicht nur mit Worten, sondern auch mit Taten.

Psychologisch gesehen ist Osten die Himmelsrichtung, in der Erfolg und Glück zu Hause sind. Von der tatsächlichen geographischen Ausrichtung ist dies unabhängig. Daher führen in der Mythologie der Cherokee alle Wege nach Osten oder von Osten her, je nachdem, ob dem Unterfangen des Wanderers Erfolg beschieden ist oder nicht. Auch der schreckliche Marsch der Tränen, den die Cherokee im 19. Jahrhundert unternehmen mussten, als sie aus ihren angestammten Gebieten vertrieben wurden, ging in die Legende als Marsch »aus dem Osten« ein.

Das Schilfrohr-Zeichen ist eng mit Wachstum, Entwicklung und Veränderung verbunden – sowohl beim Mais (*Zea mays,* in der Cherokeesprache *Selu*) als auch beim Menschen. Die ersten Menschen wurden geschaffen, indem man die Inkarnation der goldenen Strahlen der Sonne (nämlich Maismehl) mit dem Speichel des Mondes (Wasser) befeuchtete. So galt für die Cherokee keineswegs das Blut als Leben spendendes Nass im Innern des menschlichen Körpers, sondern der Speichel. *Selu* war das Hauptnahrungsmittel des *Volkes,* das Mutter Erde für ihre Kinder bereitgestellt hatte. Bemerkenswert ist, dass sich der Mais nicht selbst aussäen kann. Er überlebt also nicht von einem Jahr zum nächsten ohne die Hilfe der menschlichen Hand.

Menschen dieses Zeichens schätzen Wissen über alles. Und sie sind bis über beide Ohren verliebt in die Natur, in der sie die universelle Harmonie wahrnehmen, auch wenn sie viele verschiedene Sprachen spricht. Sie legen sich hin und hören den Grashalmen beim Wachsen zu. Sie umarmen Bäume, sprechen mit Murmeltieren und tauschen Zeichen mit Raben aus. Das Wild kommt und frisst aus ihrer Hand. Sie würden niemals auf ein Tier schießen – es sei denn mit der Kamera. Ein Eichhörnchen gilt als netter Kamerad, nicht als Pelzlieferant.

Schilfrohr-Menschen sind ehrgeizig bis zum Exzess, wenn sie an irgendetwas ihr Herz gehängt haben. Auch ihr Status im sozialen und professionellen Bereich ist ihnen wichtig. Da sie gut kommunizieren und auf andere eingehen können, geben sie gute Politiker, Sozialarbeiter und Unternehmensberater ab.

Mit Schilfrohr zündet man ein Feuer an. Auf ähnliche Weise macht der Schilfrohr-Typus anderen Feuer unter dem Hintern. Schließlich hat er noch einiges vor sich und die Verpflichtungen müssen eingehalten werden, da kann er es sich nicht leisten, lange zu warten, schon gar nicht auf andere.

Wenn rundherum alles zusammenbricht, sind es die Schilfrohrtypen, welche die Stücke aufsammeln und von vorn beginnen. Eine Cherokee-Legende berichtet, dass das *Volk* der Vernichtung durch das Feuer entging, indem es sich in einer Höhle unter der Erde versteckte. Als die Cherokee auf die Erde zurückkehrten, pflanzten sie zuerst ein Samenkorn, aus dem dann ein Schilfrohr spross. An diesem Schilfrohr gelangten sie zurück in die strahlend neue Welt, die nach dem Feuer entstanden war.

Als die Welt von der Flut zerstört wurde, überlebten die Ahnen der Cherokee auf Flößen aus Schilfrohr, die sie sicher auf trockenes Land trugen. Von dort aus begaben sich die sieben Clans – von Insel zu Insel hüpfend – in ihre jetzige Heimat, die Schildkröteninsel (Nordamerika). Diese unsere Welt soll, den Voraussagen zufolge, von einem Erdbeben zerstört werden. Auch dann wird das *Volk* nach Schilfrohrtypen suchen, die für sie den Pfad in die nächste Welt finden.

Schilfrohr ist das Tageszeichen des modernen Moses, der das *Volk* aus der Dunkelheit ins Licht der Wahrheit führt: ins Gelobte Land.

Der Schattentanz

Bevor Sie geradewegs aufs Ziel zusteuern und all Ihre Kräfte dafür einsetzen, sollten Sie überprüfen, ob Ihr Ziel auch das richtige ist. Manchmal werden Schilfrohrtypen auch zu festgefahren. Sie verlieben sich in ihre eigene Stimme, statt sich vom gesunden Menschenverstand leiten zu lassen. Dann werden sie selbstgerecht, egoistisch und trauen sich zu viel zu. Andererseits sind gerade ein gesundes Selbstvertrauen und Mut nötig, wenn man einen Pfad in unbekanntes Gelände schlagen und andere führen will. Schilfrohrtypen sind leistungsbereite Menschen, die für Erfolg alles tun würden. Aber wenn sie das Feuer zu hoch drehen, laufen sie Gefahr, innerlich auszubrennen. Normalerweise haben sie gut funktionierende Kontrollsysteme, aber wenn alle Stricke reißen, kann es nicht schaden, ein offenes Ohr für den Rat von Freunden und Gefährten zu haben.

Auch hier ist das Gleichgewicht entscheidend. Denn »zu wenig und zu spät« ist genauso schädlich wie »zu viel und zu bald«. Setzen Sie sich – bildlich gesprochen – zwischendrin immer mal wieder rittlings auf den Zaun in der Mitte und sehen Sie in beide Richtungen. Aber bleiben Sie dort nicht hängen!

Puma – Saho'ni
ᎤᎵᎯ

Himmels-	Norden – Kontakt mit dem Unbewussten, der heiße
richtung:	Draht von Nadir (Inneres der Erde) zum Zenit
	(Polarstern).
Symbol:	Puma, Zauberer
Farbe:	Koralle
Stein:	Rosenquarz
Element:	Luft
Blume:	Süßkartoffel (Ipomoea batatas)
Pflanze:	Brombeere (Rubus fruticosus)

Am Himmel wird dieses Zeichen vom Feuerpuma *(Atsila Tluntu'tsi)* symbolisiert: Kometen (wiederkehrender Himmelskörper), Meteore (kurzfristige Erscheinung, im Volksmund *Sternschnuppen* genannt) und Meteoriten (Himmelskörper, die den Sturz durch die Erdatmosphäre überstehen). Dabei gelten Kometen als Unglücksboten, Sternschnuppen hingegen als Glücksbringer. Beide sind Zauberer, weil sie die Zukunft vorhersagen können. Täglich fällt Staub von Meteoriten auf die Erde, einiges davon klumpt vorher zu metallischen Brocken zusammen. Und der Meteoritenschauer, den man Mitte November am frühen Morgen im Sternbild des Löwen beobachten kann, kündet von der Ankunft des Lichts – und dem Beginn des neuen Jahres der Cherokee.

Schatten der Sphinx – Künder der Morgendämmerung. Puma-Menschen sind Geschöpfe der Nacht, Sendboten der Sonne, die in der Zeit von Sonnenuntergang bis zum nächsten Sonnenaufgang, wenn die Sonne durch die Unterwelt reist, über die Dunkle Seite patrouillieren. Der Puma heißt auch Berglöwe oder Cougar.

Bei den Cherokee gab es einst zwei Kriegerbünde: die Adler, die normalen Krieger, und die Pumas, welche Krieger der Nacht und der Dunkelheit waren: Scouts, Kundschafter, Spione etc. Keine der beiden Gesellschaften war eine reine Männerdomäne. Frauen wurden aufgenommen, wenn sie die Initiationsriten absolviert hatten. Umgekehrt wurden Männer, wenn sie wollten, auch in Frauengesellschaften aufgenommen (für Landwirtschaft, Kochen oder Sorge um die Kinder), und das ohne jeden Gesichtsverlust. In der Pumagesellschaft konnte eine Frau eine regelrechte Mata Hari werden, die Männer potenzielle James Bonds.

Die indianischen Ureinwohner Nordamerikas führen ihre Abstammung häufig auf den Adler zurück, die Cherokee hingegen auf *Saho'ni*, den Pumageist. Die Adler-Menschen haben Donnervogel, den mächtigen Uradler, zum Ahnherrn, die Puma-Menschen *Saho'ni*. Der Puma ist das Tageszeichen der Medizinfrau bzw. des Medizinmannes, des Zauberers, der Magierin, des Orakelpriesters. Hier geht es um eine Persönlichkeit, die durch dunkles Glas die Lichtstrahlen der Geisterwelt sieht, die in einen Spiegel blickt, das Portal zur Anderswelt, und dort die Realität von der Kraft der Seele unterscheiden kann.

Dieser Mensch ist sich der Strömungen im Innern immer bewusst – der ungesehenen Mächte, die gleichwohl starke Kräfte entfalten können wie zum Beispiel ein Erdbeben. Er braucht Ruhe, um die Botschaften von Geistern und Träumen herausfiltern und übermitteln zu können, und Rückzugsmöglichkeiten vom Trubel des Alltagslebens, um sich ganz der Meditation zu widmen.

Puma-Menschen sind stolz, eingebildet und hochmütig – übertriebene Bescheidenheit gehört nicht zu ihren Fehlern –, aber gleichzeitig sind sie tapfer, mutig und anspruchsvoll, offenherzig, unabhängig, unerschrocken und ernst. Sie lieben die Tat mehr als das Reden darüber. Erfolg lieben sie und sind auch bereit, etwas dafür zu tun. Sie sind beherzte Krieger, die sich für das Recht einsetzen und für die Unterdrückten kämpfen – mit einem optimistischen Lächeln auf den Lippen. Sie sind Träumer, die keine Zeit verlieren und ihre Träume in die Tat umsetzen. Und sie sind Arbeitstiere, die wissen, wann es Zeit ist, aufzuhören und sich zu erholen. Ihre Persönlichkeit verbirgt sich hinter einer Maske. Emotionen und Gefühle werden immer hübsch unter den Teppich gekehrt. Traumatische Kindheitserlebnisse bringen diese Menschen dazu, sich in ihr inneres Heiligtum zurückzuziehen oder sich einen Panzer gegen das mangelnde Einfühlungsvermögen der Menge zuzulegen. Sie quälen sich gerne mit Selbstkontrollversuchen herum. Auf subtile Weise können sie Aggressivität zeigen und auf Dauer setzen sie sich mit der Methode der indirekten Konfrontation ganz geschickt durch. Häufig streben sie unter der Hand auf langen, geschickt geplanten Umwegen ein Ziel an, ohne dass man ihnen von außen anmerkt, dass sie sich ein solches gesetzt haben.

Puma-Menschen streben nach vollkommenem Einklang von Verstand, Herz und Seele. Und sie suchen sich Partner, die in dieses Muster passen. Dabei folgen sie ihrem Einfallsreichtum und gehen auch mal gewundene Pfade, denn der Wandel jagt ihnen keine Furcht ein.

Puma-Menschen haben ein Ohr für die Fehler und Bekenntnisse anderer, die sie anhören, ohne Urteile zu fällen. Und die Maßstäbe, die sie an sich selbst anlegen, sind nicht dieselben, die auch für den Mann auf der Straße gelten. Sie haben Verständnis für die Schwächen der Gefallenen, würden sich dergleichen selbst aber niemals erlauben.

Wie der Puma selbst, so ist auch der unter seinem Zeichen Geborene ein für sich lebendes Nachttier: verschlossen, geheimnisvoll und mächtig. Der Puma ist ein Fleisch-, bestenfalls ein Allesfresser und lässt sich nicht zum Vegetarier zähmen.

Unter diesem Zeichen werden begabte Therapeuten, Berater und Lehrer geboren. Puma-Menschen sind zwar spirituell interessiert, gehören aber meist keiner Religion an. Sie verfügen über gewisse Heilkräfte, vor allem, wenn es darum geht, den Körper mit Hilfe des Geistes gesund zu machen.

Puma-Menschen haben eine ausgeprägte Forschernatur. Sie sehen durch die augenfälligen Tatsachen hindurch, durch die Schleier des Augenscheins tief ins Herz der Dinge. Ihre Sensitivität, ihre Offenheit für übersinnliche Wahrnehmungen hilft ihnen dabei. Sie sind diejenigen, welche die Wandlung auslösen – und die Erscheinungswelt verändern.

Dabei ist der Puma-Mensch bestimmend und streitlustig. Er kämpft für seine Meinung bis zum bitteren Ende, zumal er dies oft hinter der Maske des Lächelns verbirgt – eine passiv-aggressive Haltung, die nicht immer sofort ins Auge springt. Er kann ganz schön scharf und bissig werden, zumal er auf subtile Weise aus dem Hinterhalt zuschlägt. Seine große Stärke ist der Sarkasmus.

Die Intelligenz der Puma-Geborenen wird von einer freien Erziehung gefördert, Psychologie und Sozialwissenschaften gehören zu ihren bevorzugten Forschungsgebieten. Auf jedem Gebiet der Kommunikation leisten sie Bemerkenswertes. Die Feder handhaben sie ebenso überzeugend wie das gesprochene Wort. Ihre unbegrenzte Phantasie hilft ihnen, ganze Welten zu ersinnen, von der erhabensten bis hin zur lächerlichsten, und diesen auch noch eine virtuelle Realität zu verleihen. Ihr reger Geist produziert ständig neue Einfälle, von der Reise zu den Dinosauriern bis zum Wochenendtrip auf den Mars. Natürlich ist das alles völlig undurchführbar – nichtsdestotrotz fesseln die Pumas die Aufmerksamkeit des Zuhörers und schlagen ihn ganz in seinen Bann. Die Menschen dieses Zeichens sind die geborenen Luftschlossarchitekten – mitunter schaffen sie es sogar, einem solchen Fundamente zu verleihen.

Der Puma ist der Sonnenläufer, das allsehende Auge, der Lichtträger, welcher den Tod der Dunkelheit verkündet und das Erscheinen des Lichts ausruft.

Der Schattentanz

Männer dieses Zeichens werden leicht zu Chauvinisten, während sich Frauen manchmal zu intellektuellen Snobs entwickeln. Manche lieben ihre eigene Stimme so sehr, dass sie sich in endlosen Monologen ergehen, statt den Dialog mit dem Mitmenschen zu suchen. Dann rudern sie gegen den Strom an, statt sich von ihm tragen zu lassen.

Der Große Geist ist es, der das Universum lenkt. Vergessen Sie das nicht. Das ist ähnlich wie der Umgang mit Elektrizität: So lange Sie sich an die Regeln halten, vollbringen Sie Wunder. Wenn Sie aber glauben, dass der Strom tut, was Sie sagen, dann werden Sie zu Toast.

Sie sind nur der Kanal, durch den sich das Universelle Bewusstsein ausdrückt. Versuchen Sie nicht, es zu zensieren. Die Wahrheit ist es, die zählt, nicht die persönliche Meinung eines einzelnen Individuums. Sie sind der Botschafter, nicht die Botschaft. Ihre Dienste werden dem *Volk* helfen, das Licht am Ende des Tunnels zu erreichen, doch wie in den Sternen geschrieben steht: Sie selbst werden dieses Licht nicht erreichen.

Adler – Uwo'hatli
୦୦ᚦC

Himmels-richtung:	Westen – Ende des Regenbogens, Flügel im Wind, Flug zu den Sternen, das Adlernest am Thunderstone Mountain, dem Berg des Donners.
Symbol:	Donnervogel
Farbe:	Silber
Stein:	*Mondjuwelen*, d. h. Tektite (Glasmeteoriten)
Element:	Erde
Blume:	Steppeniris (Iris spuria)
Pflanze:	Ginseng (Panay quinquefolius)

Am Himmel entspricht das Adlerzeichen Mars, dem Roten Planeten, dem Kriegergeist der himmlischen Heerscharen. Seine Waffenbrüder sind die Kometen. Der zu ihm gehörige Donner hallt von den Bergen wider, sodass die Erde beim Klang seiner Stimme erzittert. Er schleudert Blitze und kontrolliert die Lüfte: Wind, Sturm, Wolken, Regen, Hagel, Schneeregen und Schnee. Auch er ist ein Diener von Großvater Mond.

Die Legende berichtet, dass Venus als Morgenstern erschien, um den bevorstehenden Aufgang der Sonne zu verkünden. Darüber ärgerte sich Mars, der selbst gerne Morgenstern gewesen wäre. Und so stießen er und Venus immer wieder zusammen, bis die Sonne beschloss, die beiden so am Himmel zu positionieren, dass sie einander gegenüber und die Erde in der Mitte stand. Da begann Mars mit Steinen zu werfen, die auf der Erde als Tektite landeten und uns auch heute noch den Zauber des Weltalls bescheren.

87

Die Cherokee nennen sich selbst auch *Freunde des Donners.* Den Donner betrachten sie als Stimme des Donnervogels, des mächtigen Adlers, der die Lüfte beherrscht. Er ist der geflügelte Pfeil des Mondes, der auf den Berggipfeln Wache hält. Unermüdlich versorgt er seine Angehörigen und beschützt voller Stolz und Tapferkeit sein Nest. Scharf sind seine Augen, sein Schnabel, seine Klauen.

Die Adler-Geborenen des Stammes bildeten die Kriegergesellschaft, die tapferen Beschützer des *Volkes.* Diese Gruppierung war nicht nur Männern vorbehalten. Auch Frauen fanden Aufnahme. Wenn sich Männer umgekehrt einer Frauengesellschaft anschließen wollten, konnten sie das tun, ohne ihre Würde zu verlieren. Früher gab es keine scharfe Trennung zwischen Frauen und Männern. Das zeigt sich auch in der Sprache der Cherokee: Die dritte Person Singular wird aufgeteilt in: belebt/menschlich und belebt/nicht-menschlich. Es gibt keine Aufteilung in *er* und *sie.* Das soll nicht bedeuten, dass das *Volk* kein Interesse an Sex hatte. Sie sahen offensichtlich nur keinen Sinn darin, »mit aufwändigen Mitteln das Offenkundige zu unterstreichen«.

Adler-Geborene sind ehrgeizig und eifrig bestrebt, die Ehren einer höheren Position zu erlangen. Gleichzeitig sind sie mutig, unabhängig und risikobereit. Alles, was mit Hi-Tech zu tun hat, zieht sie an. Sie sind wissenschaftlich interessiert und neigen zur Spezialisierung. Dabei nehmen sie jederzeit harte Arbeit auf sich und mauscheln sich auch mal nach oben, vor allem, wenn es den einen oder anderen Vorgeschmack auf die Belohnung gibt. Sie fliegen gerne hoch und haben den Kopf in den Wolken.

Der Status ist ihnen wichtig. Entsprechend eingebildet sind sie meist auch. Sie sind bereit, sich ihren Weg nach oben in jeder nur erdenklichen Weise zu erkämpfen und dabei alle Hindernisse, die sich ihnen in den Weg stellen könnten, unnachsichtig beiseite zu räumen.

In diesem Zeichen sind die großen Hoffnungen zu Hause, die Träume und Visionen, kosmische Bewusstheit und entsprechende Hingabe – das Ticket zu den Sternen eben, und zwar ohne Rückfahrkarte. In etwas erdgebundenerer Form finden wir hier den Herrn des Hauses, den Manager, der für alle und alles sorgt und sich die letzte Entscheidungsgewalt vorbehält – im Kleinen wie im Großen.

Dieses Zeichen ist von männlicher Energie geprägt. Daher sind auch Adler-Frauen Führungspersönlichkeiten, deren Ehemänner häufig zu Hause bleiben und sich um die Kinder kümmern. Diese erledigen die Hausarbeit, während ihre Frau in einer Top-Position wichtige Entscheidungen trifft. Möglicherweise lebt die Adler-Frau auch ganz allein bzw. als allein erziehende Mutter. Jedenfalls gehört die Freiheit unter diesem Zeichen zu den höchsten Gütern, ganz egal, wie sie erlangt wird.

Zum Adler gehört das Thema des Wirtschaftens, des Sorgens für andere: für Angestellte, die Familie, Geschäftspartner. Immobilien, finanzielle Sicherheit, Erbschaften sind Dinge, die ihn anziehen. Wahrscheinlich fragen ihn andere Familienmitglieder immer und immer wieder um Rat, sowohl in finanzieller als auch in anderer Hinsicht. Auch als Testamentsvollstrecker leistet er gute Dienste. Und bei Familienstreitigkeiten weiß er zu schlichten, manchmal sogar mit salomonischer Weisheit. Denn dieses Zeichen verfügt über enorme geistige Kräfte und die Fähigkeit, beide Seiten eines Problems zu sehen und schon dadurch die wirren Fäden zwischen den verfeindeten Parteien aufzudröseln.

Der Adler-Geborene ist freundlich und gewöhnlich bei anderen Menschen sehr beliebt, obwohl er eine gewisse Vorliebe für unkonventionelle Beziehungen zeigt. Er ist ein ungebundener Geist. Am liebsten würde er heute noch zu unbekannten Ufern aufbrechen, gäbe es da nicht all diese Geschäfte und Geschäftchen mit seinen unzähligen Partnern, die unbedingt noch erledigt werden müssen und keinen Aufschub dulden.

Dieses Zeichen braucht viel Raum. Daher ziehen sich Adler-Geborene häufig von der Menge zurück in die menschenleeren Gefilde einsamer Steilhänge. Dort wird der Adler dann zum alten Mann vom Berg, der auf den höchsten Gipfeln, inmitten weit tragender Echos, die Gemeinschaft mit dem Erhabensten sucht. Wenn er zurückkehrt, verteilt er die Anweisungen des Höchsten freigebig unter die Menge, taub für jede Kritik.

Adler-Menschen machen sich ihre eigenen Regeln. Gewöhnlich nehmen sie einen etwas ungewöhnlichen Standpunkt ein. In praktischen Dingen sind sie ihrer Zeit häufig voraus und nehmen bestimmte Entwicklungen vorweg. Manchmal verfügen sie über übersinnliche Fähigkeiten und haben ein gut entwickeltes drittes Auge, manchmal konzentrieren sie ihre Energien auch auf geschäftliche Unternehmungen. Grundsätzlich neigen sie dazu, Fehlschläge als normale Hindernisse auf dem Weg zum Erfolg zu sehen. Andererseits haben wir es hier mit einem kritischen Kopf zu tun, einem Perfektionisten, der zwar für neue Ideen offen ist, aber nur wenn sie von ihm stammen.

In gewisser Weise sind Adler-Geborene verschlossen. Sie erzählen zwar fesselnd und mit Überzeugungskraft. Gleichzeitig aber sagen sie nur, was sie wirklich enthüllen wollen. Wie der mächtige Adler, der seine Flügel benutzt, um sich abzuschirmen und das zu verstecken, was er nicht teilen will, so hält sich auch der Adler-Mensch manchmal bedeckt. Doch gerade dieses Verhalten verstärkt sein Charisma noch, verleiht ihm die Macht eines Orpheus, die das, was er zu sagen wünscht, glaubhaft erscheinen lässt.

Sowohl der Geist der Liebe als auch der des Sieges tragen Flügel. Zwischen Liebe und Krieg scheint es eine Art inneren Zusammenhang zu geben. Wenn man davon ausgeht, dass sich Gegensätze anziehen, hat dies durchaus seinen Sinn. Der Adler ist sowohl geflügelter Siegesgott, also Krieger, als auch Personifikation des geflügelten Mondlichts, welches der romantischen Liebe ihren Rahmen verleiht.

Kreuz-Ass und Kreuz-Bube (im Tarot die Stäbe) sind die Karten, die zu diesem Zeichen gehören. Denn die Keule ist das Zeichen des Mars.

Ein Omen ist ein Zeichen, das uns der Mond gibt. Der Adler ist ein Mondvogel. Und auch Mars kündet als Morgenstern manchmal das Aufgehen der Sonne an. Adler ist also das Zeichen, das uns von einem schönen, neuen Morgen kündet.

Der Schattentanz

All diese Kraft und Energie sollte auf jeden Fall konstruktiven Vorhaben gewidmet werden. Dieses Zeichen kann auf intellektueller Ebene schrecklich stur sein – oder manchmal einfach nur faul. Eifersucht und Gier sind weitere Klippen, die es zu umschiffen gilt. Das eigene Echo verwirrt einen manchmal. Daher ist die Gefahr groß, sich in die eigene Stimme oder das eigene Bild zu verlieben. Ausgleich finden Sie, wenn Sie Ihre Kräfte anderen widmen. Niemand kann alles schaffen oder anderen Menschen alles bedeuten. »Niemand kann eines anderen Seele retten.« Grundsätzlich kann sich jeder nur selbst retten. Hoffnung und Ermutigung sind daher wertvolle Geschenke.

Je höher wir fliegen, desto tiefer ist der Abgrund, der unter uns gähnt. »Der Adler ist gelandet«, meldeten die Astronauten von der Mondlandung. Adler ist ein Zeichen, das geerdet werden muss. Denn was in die unendliche Weite des Himmels aufzusteigen vermag, muss am Ende, wenn die letzte Flagge zusammengerollt ist, doch wieder zur Landung auf den Erdboden herunter.

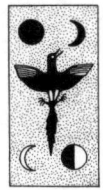

Eule – U'guku'
OꞭJ

Himmels-	Süden – ein wirklicher sozialer Schmetterling, warm,
richtung:	extrovertiert und gesellig, sexuelle Reife.
Symbol:	Eule
Farbe:	Schneeweiß
Stein:	Jaspis
Element:	Feuer
Blume:	Nachtkerze (Oenothera biennis)
Pflanze:	Wacholderbeere (Juniperus communis)

Am Himmel wird die Eule von Arkturus dargestellt, dem hellsten Stern im Sternbild Bootes. Die Bärenkonstellation der Cherokee umfasst nämlich neben dem Großen Bären (Ursa Maior) noch vier Sterne aus Bootes. Der eigentliche Bär ist hier der Wagen. Ihm folgen die Sieben Jäger: das Rotkehlchen, die Chickadee-Meise und der Bussard sind die Sterne am Wagengriff; Taube, Eichelhäher, Eule (Arkturus) und Spatz sind die vier Bootes-Sterne. Wie oben, so unten – die Eule ist ein Jäger. Sie vereint in sich die Weisheit und Geschicklichkeit aller großen Jäger: die Schlauheit des Fuchses, die Hartnäckigkeit der Bulldogge und die Stärke eines Bären.

Eule (bzw. *Uku* oder *Oukah*) ist der Titel des Großen Weißen Häuptlings, d. h. eine Medizinfrau oder ein Medizinmann, der das *Volk* in Friedenszeiten anführt. (Im Gegensatz zum Großen Roten Häuptling, der sozusagen Kriegsherr ist.) Zu den Aufgaben dieses Anführers gehört es, die Visionen und Albträume zu interpretieren, die der Schwarze Obsidianschmetterling schickt, der Geist des dunklen Labyrinths des menschlichen Unbewussten.

Eulen-Menschen leben lange, und während sie diese lange Straße entlang ziehen, häufen sie so nebenbei diverse Reichtümer an. Sie erfreuen sich einer robusten Gesundheit und eines ebenso robusten Körpers. Gewöhnlich sind sie muskulös, groß, kerngesund, kräftig und widerstandsfähig, sodass sie selten unter Krankheiten leiden. Die unter diesem Zeichen Geborenen sind höchst talentiert. Meist wissen sie viel und bleiben beim Nachdenken auch nicht an der Oberfläche. Sie sind lebensklug, realistisch, praktisch, durch und durch die *weise alte Eule*. Daher haben sie der Welt viel zu geben. Leider sind sie ziemlich eigensinnig und hegen ihre festen Ansichten. Die Argumente anderer vermögen sie nicht leicht zu überzeugen. Eulen strahlen Kühnheit und Autorität aus. Sie übernehmen gerne die Kontrolle, notfalls auch mit Gewalt.

Dieses Zeichen ist ernsthafter Natur, ruhig, ausgewogen, taktvoll und redegewandt. Daher scharen sie auch häufig Schüler um sich. Als Lehrer machen sie sich gut – zum einen, weil sie gerne Ratschläge erteilen, zum anderen, weil sie selbst mit gutem Beispiel vorangehen. Überhaupt sind sie im Ratschläge-Erteilen ganz groß, denn gewöhnlich hatten sie es nicht leicht und mussten mit vielerlei Herausforderungen fertig werden. Problemlösungen sind quasi ihr Spezialgebiet. Sie wissen meist schon von Anfang an, was funktioniert und was nicht. Aus diesem Grunde sind sie durchaus in der Lage, ihre Erfahrungen Gewinn bringend an andere weiterzugeben. Sie vermögen eine Situation gründlich zu analysieren und eine passende Lösung zu finden.

Ihr Geschäftssinn ist ausgeprägt und ziemlich bodenständig. Am liebsten sind sie der Boss. Sie geben gute Manager ab, die sich fast zwanghaft die Karriereleiter hinaufarbeiten, damit sie eines Tages in der Vorstandsetage landen. Ganz oben kontrollieren sie dann am liebsten das Gesamtgefüge und verteilen die Einzelaufgaben auf Untergebene.

Der Eulentypus ist sehr statusbewusst. Er denkt viel an die eigene Position in der gesellschaftlichen Hierarchie. In seinem Streben nach Macht und Stellung ist er sich seiner eigenen Bedeutung jederzeit bewusst. Dies führt jedoch zu Befangenheit all jenen Menschen gegenüber, die ihn beurteilen.

Er stellt hohe Ansprüche, nicht nur an sich selbst, sondern auch an die Menschen seiner Umgebung. Häufig fühlt er sich geradezu verpflichtet, den Finger unnachsichtig auf alles Schlechte um ihn herum zu legen. Die Eule kann ihren Kopf im Kreis drehen. Das bedeutet, dass sie sozusagen auch hinten Augen hat. Viel entgeht ihr also nicht. Und außerdem ist der Eulentyp auch noch recht unnachsichtig mit den Schwächen seiner Mitmenschen. Er selbst hat um seinen Platz an der Sonne hart gekämpft, da kann man von anderen doch wohl dasselbe verlangen!

Im Grunde aber empfindet er eine tiefe Furcht vor Zurückweisung. Daher wird er von aggressiven und dominanten Persönlichkeiten des Öfteren ausgenützt. Frauen, die in der Jugend unter einer starken Vaterpersönlichkeit gelitten haben, landen später häufig wieder in Beziehungen mit ähnlichen Persönlichkeiten. Seltsamerweise fühlen sich Eulen häufig zu autoritären Personen hingezogen, auch wenn sie mit diesen meist heftige Konflikte austragen. Sie kämpfen zwar darum, ganz oben zu landen, enden aber trotzdem nicht selten als Opfer. Viele weibliche Eulentypen werden so eingeschüchtert und unsicher, dass sie letztlich an einen Ehemann geraten, der eben diese autoritäre Struktur aufrechterhält, sodass die Frau schließlich zum Opfer wird.

Bei Eulentypen wird der Kampf zwischen Unter- und Überlegenheit oft recht deutlich. Ihr Innenleben scheint geradezu aus Ungereimtheiten, Diskrepanzen und mangelndem Gleichgewicht zu bestehen. Um mit diesen inneren Konflikten fertig zu werden, legen sie viel Wert auf feste Regeln: Gesetze, die jeder zu beachten hat, gleichgültig was er ist oder hat. »Gleichmaß von Strafe und Tat!«, das ist ihr Wahlspruch. Dem *Volk* erzählen sie immer wieder, dass Faulheit, Lügen, Diebstahl, Trunkenheit, die Vernachlässigung der Pflichten und sonstige Gesetzesverstöße schließlich bestraft werden. Und dies gilt sowohl im Himmel als auch auf Erden.

Doch durch den dunklen Himmel dieser ernsthaften, schicksalsgläubigen, undurchschaubaren Persönlichkeit zieht sich auch ein Streifen Gelächter. Dieses Zeichen verfügt über einen starken Sinn für Humor, der sich manchmal in den unerwartetsten Momenten eine Bahn bricht. Dann weht ein sarkastischer, manchmal zynischer Wind, doch wie immer schafft es der Eulentyp, alles scharfsinnig auf den Punkt zu bringen.

»Am Gipfel ist es einsam.« Tatsächlich brauchen Eulen viel Zeit für sich allein. Sie ziehen sich auf ihren eigenen privaten Berggipfel zurück, um dort zu meditieren und weisen Rat in ihrem Inneren zu suchen. Der Durchschnittsmensch hat dafür gewöhnlich kein Verständnis.

Die Eule ist der mythische Fährmann, der die Erdenseelen auf dem Weg zu den Sternen und zurück begleitet. Die Wirbelsäule in unserem Körper ist der Stab des Fährmanns. Er weist vom Planeten Erde hinauf ins Himmelsrund. Durch Meditation können wir uns mit dem Universellen Bewusstsein verbinden. Dann enthüllen sich das Muster und die Bedeutung des Kosmos von selbst.

Doch zur Eule gehört auch das Unberechenbare und Unvorhersagbare des Lebens, denn sie ist Teil der Wildnis auf Erden und Teil des ewigen Rätsels der Schöpfung.

Die Eule hält für uns eine Fackel empor – helles Licht, welches die unermessliche Dunkelheit vertreibt.

Der Schattentanz

In persönlichen Beziehungen ist der Eulentyp manchmal etwas unsensibel. Leider hat er wenig Geduld mit den Unzulänglichkeiten der breiten Masse. Da er selbst hart arbeiten musste, um alle Hindernisse zu überwinden, glaubt er, dass andere dasselbe tun sollten.

Das Schlimmste, was diesem Zeichen passieren kann, ist, das Gesicht zu verlieren. Glücklicherweise geschieht dies nur selten.

Manchmal klingt das Toben der Menge so laut in Ihren Ohren, dass Sie das schwache Geräusch von Schmetterlingsflügeln nicht mehr vernehmen können. Das Weiße Licht wohnt in Ihnen selbst. Wenn Sie es dort nicht finden, finden Sie es nirgendwo.

Lassen Sie sich nicht von Tyrannen schikanieren und hören Sie auf Ihre innere Stimme. Unsicherheit macht Sie aus eigener Schuld zum Opfer.

Denken Sie daran: Der Große Geist ist es, der das Universum führt – Sie sind weder dafür verantwortlich noch dazu berufen.

Reiher – Guwi'sguwi
JϴↄJϴ

Himmels-richtung:	Osten – Wiederkehr des Lichts und des neuen Lebens, Wiedererwachen von der Reise in die Anderswelt, ein Tropfen vom Kosmischen Ei
Symbol:	Reiher, das Kosmische Ei.
Farbe:	Grün
Stein:	Perlmutt
Element:	Wasser
Blume:	Paradiesvogelblume (Strelitzie)
Pflanze:	Johannisbrotbaum (Gleditsia triacanthus)

Am Himmel ist das Kreuz des Nordens (im Sternbild Cygnus, der Schwan) der Lebensbaum, der neben dem *Milchstraßenfluss* steht. Darüber beugt sich *Guwi'sguwi*, der Cherokee-Geist des Reihers, den man mit dem ägyptischen Phönix vergleichen könnte. Heute heißt dieser Stern Deneb. Der Mythos erzählt, dass zu jener Zeit, als noch überall das Chaos herrschte, eine schöne Jungfrau (Reiher) vom Lebensbaum herabfiel und auf den Urozean zustürzte. Da tauchte die Schildkröte aus den Tiefen des Wassers auf, um sie zu retten. Die Reiherjungfrau baute auf dem Rücken der Schildkröte ihr Nest und legte dort das Kosmische Ei.

Ein anderer Mythos erzählt, dass alle fünftausend Jahre der Herr der Dunkelheit, der Abendstern, die Sonne einfängt, doch der Reihergeist sie zurück ans Licht bringt und so für die Wiedergeburt der Welt sorgt. Insofern ist der Reiher das Zeichen der Bewegung, der unaufhörlichen Veränderung und gleichzeitig das Sinnbild für das ewige Leben, das sämtliche Wiedergeburten überdauert. Er repräsentiert das *Recycling-System*. Er rettet alles, was wert ist, gerettet zu werden, von einer Welt zur nächsten, von der Erntezeit zur Zeit des Säens und umgekehrt. Generationen entstehen und vergehen. Der Reiher steht für die Erkenntnis, dass die Zeit niemanden verschont und dass sie immer weiterläuft.

Menschen dieses Tageszeichens orientieren sich mit Vorliebe an der Zukunft. Sie wollen den Planeten retten – für uns, für unsere Kinder und unsere Kindeskinder. Unter ihnen finden sich Tier- und Umweltschützer. Die Reiher-Geborenen sammeln streunende Tiere auf und pflegen kranke Vögel gesund. Sie kämpfen für die Rechte aller Benachteiligten, und das aus Liebe, damit nicht ein Sperling vom Himmel falle ... und nicht ein Senfkorn verschwendet werde, auf dass das *Volk* auch morgen nicht hungert. Denn das Morgen kommt. Das war immer so – und wird auch so bleiben.

Dieses Zeichen steht für einen geistig wachen, rationalen und progressiven Menschen, der trotzdem seine Bodenständigkeit nicht verliert. Er ist aufgeschlossen und zukunftsorientiert, wenn auch manchmal auf engstirnige, rechthaberische Art. Die Auseinandersetzung gehört zu seinem Leben.

Gewöhnlich sieht der Reiher-Typ zuversichtlich in die Zukunft. Er lacht schnell und hat einen ausgeprägten Sinn für Humor. Ohne Komplexe nimmt er am Kreislauf des Gebens und Nehmens teil. Aber wenn er verliert, wird er wütend und weigert sich, weiter mitzuspielen. Tatsächlich kann es geschehen, dass er mit Ihnen nie wieder ein Wort spricht, wenn Sie der Gewinner sind. Er ruft zwar nicht gerade an, um zu erzählen, wie viel Einfluss er doch hat. Drohungen stößt er nur selten aus. Da er gewöhnlich aber reich oder zumindest wohlhabend ist, kann es schon sein, dass er Ihnen das Weihnachtsgeld streicht.

Menschen dieses Zeichens machen sich gut als Geistliche, Ärzte, Marketingfachleute und Ehevermittler, denn sie vereinen in sich die männlichen Kräfte des Mantras OOM und die weiblichen des Mantras MAA.

Reiher-Menschen haben ein enormes Vertrauen in die Kräfte der menschlichen Seele. Sie denken, dass die Welt nach einem göttlichen Plan abläuft und dass es für jedes Problem eine logische und passende Lösung gibt. Ihre Kraft wächst ihnen aus der Stärke ihrer Überzeugung zu. Als Geistliche oder Religionslehrer wirken sie Wunder, denn sie verstehen es, mit der Jugend zu arbeiten – sei es zum Beispiel als Trainer der Fußballmannschaft ihrer Gemeinde.

Die Bewegung, die in diesem Zeichen angesiedelt ist, ähnelt manchmal dem leisen Schaukeln der Wiege, das uns beruhigt, einlullt und zum Einschlafen bringt. Eine solche Person hat heilende Hände, und diese Qualität wirkt sich auch aus, wenn sie nichts Lebendes (Mensch, Tier, Pflanze oder Mineral) berühren. Denn sie schafft Frieden, geistige Ruhe und innere Ausgeglichenheit – und dies ist letztlich das Geheimnis des Sich-Wohlfühlens. Heilkristalle erwachen unter diesen Händen buchstäblich zum Leben; und sie sprechen zu Pflanzen, sodass auch die Kräuter für sie arbeiten. Daher ist der Reihertypus in der Alternativmedizin meist sehr erfolgreich.

Doch Menschen dieses Zeichens geben auch gute Handelsvertreter ab, da sie sogar einem Eskimo noch einen Kühlschrank verkaufen oder einem Südseeinsulaner klarmachen können, dass er unbedingt eine schicke Krawatte braucht. Auch als Ideenhändler sind sie nicht schlecht und bringen ihre Ware in großem Stil unters Volk – ideale Politiker eben. Den Erfolg macht hier der unbedingte Glaube an das Produkt, das sie verkaufen.

Diese Zeichen sind hervorragende Unterhändler. Da sie eine Situation aus jedem möglichen Blickwinkel betrachten können, finden sie schließlich auch eine Lösung, mit der jeder der Beteiligten zufrieden ist. An einer Stelle Bedarf zu sehen und dafür von anderer Stelle Ressourcen einzuholen ist genau die Art von Aktivität, welche die Welt im Innersten zusammenhält: dafür zu sorgen, dass Angebot und Nachfrage einander treffen. Natürlich ist der Ehevermittler etwas aus der Mode gekommen, zumindest behauptet man das, aber Menschen dieses Zeichens machen daraus vielleicht ein Hobby. Aber auch das Management von gemeinnützigen Organisationen ist ein Feld, auf dem sich Reiher-Geborene wohl fühlen.

Häufig gibt es bei diesem Zeichen auch besondere künstlerische Begabungen, vor allem auf dem Gebiet der Musik. Reiher-Geborene lieben jede künstlerische Ausdrucksform, entweder als Ausübende oder einfach als Menschen, die die schönen Dinge des Lebens zu schätzen wissen. Eine lohnende Beschäftigung für den Reiher, denn da er ein eher unabhängiger Typ ist, kommt er mit der Rolle des Befehlsempfängers sowieso nicht zurecht. Alles, was er allein erledigen kann, zieht er mit Sicherheit anderen Formen der Arbeit vor, auch wenn diese Tätigkeit dann unregelmäßige Arbeitszeiten oder wenig berufliche Sicherheit mit sich bringen sollte. Wenn er keine Führungsposition einnimmt, dann arbeitet er trotzdem länger und für weniger Geld als andere, nur um sich eine gewisse Unabhängigkeit zu bewahren. Wildhüter in einem Naturschutzgebiet wäre beispielsweise ein idealer Beruf für den Reiher-Geborenen. Wenn ihm sein Beruf nicht viel Abwechslung und Freiheit bietet, wird er jedoch nicht lange am Ball bleiben.

Der Reiher ist ein Träumer mit fruchtbarer Vorstellungskraft, der es schafft, Visionen wahr werden zu lassen. Er nimmt Spinnweben und gestaltet sie zu den für den Altweibersommer typischen taubetropften Kunstwerken. Er wagt sich ins Labyrinth und findet so das Herz der Erde. Einen Fuß hat er immer in einer tiefen, dunklen Höhle, den anderen auf einer flaumig-weichen, weißen Wolke. Er nutzt die Geschenke von Gaia (die Erdmutter) und führt sie einer praktischen Verwendung zu.

Der Reiher ist ein heller Stern am Himmel, der allen Sterblichen die Ankunft des Goldenen Zeitalters kündet.

Der Schattentanz

Der Reiher muss einen Mittelweg zwischen Konfrontation und übermäßiger Nachgiebigkeit finden. Auch muss er sich auf der dünnen Grenze zwischen Genie und dummem Draufgängertum bewegen.

Gegen jemanden einen Groll zu hegen, bändigt nur unsere eigene Energie. Narzissmus setzt uns selbst Grenzen. Unsicherheit und die daraus resultierende Schüchternheit demoralisiert uns. Überspanntheit trägt uns vielleicht zu weit von unserer Mitte weg. Und jemand, der wegen jeder Kleinigkeit einen gerechten Krieg anzettelt, nervt alle seine Mitmenschen.

Wenn Ihre Pläne und Vorhaben Ihrer Zeit weit voraus sind, dann sollten Sie Geduld mit den Mitmenschen haben, die sich noch mit Postkutschen vorwärts bewegen. Versuchen Sie nicht, die Welt zu retten, bevor sie dazu bereit ist.

Und vergessen Sie über dem Kampf für die Rechte anderer nicht, sich auch für Ihre eigenen einzusetzen. Die Gruppe ist genauso wichtig wie das Individuum. Beides muss gebührend berücksichtigt werden.

Sicher, es gibt viel zu tun und die Zeit ist kurz. Ein wenig Rast und Erholung – und schon glätten sich die Wogen der stetig wiederkehrenden Auseinandersetzungen.

Feuerstein – Dawi'sgala
ᏓᎣᏍᏩ

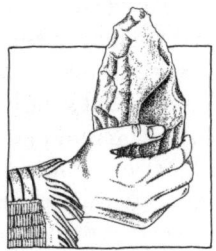

Himmels-   Norden – Sternenstrahl kristallklarer Wahrheit;
richtung: Brücke zum Mond, der letzte Haltepunkt vor dem
            Betreten des Pfades.
Symbol: Feuersteinmesser
Farbe: Stahlblau
Stein: Diamant
Element: Luft
Blume: Indianerhanf (Castillea coccinea)
Pflanze: Stechpalme (Ilex opaca)

Am Himmel wird der Feuerstein mit *Chawa'see* oder Castor identifiziert. Er gehört zum Zwillingspaar Castor und Pollux im Sternbild Zwillinge. *Chaga'see* (Schilfrohr) und Chawa'see sind die Heldenzwillinge, die Magier der Cherokee-Mythologie, die von diesen in schwierigen Zeiten häufig um Hilfe angefleht wurden. Castor, der als Erster von den beiden im Westen erscheint, steht für die Dunkelheit, die Zeit also, in der wir alles für den Kampf bereitmachen, Manna sammeln und alle Energie zusammennehmen, damit wir den kommenden Herausforderungen begegnen können. Denn diese kommen so sicher, wie der Tag der Nacht folgt. Pollux erscheint während der Morgendämmerung im Osten. Er bringt das Licht, das Ende der Nacht.

Der Mythos berichtet, dass vor langer, langer Zeit der Geist des Feuersteins zum Donnerfelsen, dem *Du'stayalun'yi*, geschickt wurde. Dort leuchtete er hell wie die Sonne, sprach mit der Stimme des Donners und gab dem *Volk* den Heiligen Venuskalender mit all seinen Feier-, Fest- und Fasttagen. Dabei versprach er, immer über die Menschen auf der Erde zu wachen.

Und tatsächlich versucht der Feuerstein-Mensch immer, dieses Versprechen zu halten. Er ist der Schöpfer, der Erfinder, der Erneuerer unter uns. Er bahnt neue Wege. Sein wacher Geist und seine lebhafte Neugier lassen ihn auch außerhalb des Bekannten nach Lösungen suchen. Er ist meist sehr belesen und versucht aus reiner Freude am Lernen, die Grundlagen des Wissens zu erforschen. Neuen Themen begegnet er mit Enthusiasmus und ungewöhnlichen Denkansätzen. Auch in anderen Menschen erweckt er diese Lust, den eigenen Horizont zu erweitern. Er lässt uns bis an die äußersten Grenzen unserer mentalen und spirituellen Fähigkeiten gehen. So wandelt er ein statisches Leben in ein dynamisches um.

Feuerstein-Geborene wissen viel, und auch das wissen sie. Nichts genießen sie mehr als den Austausch von Informationen, gerade wenn es um neueste technische Errungenschaften geht. Natürlich glänzt der Feuerstein-Mensch in jeder Form der Konversation, da er immer offen für neue Ideen, für intuitiv oder analytisch gewonnene Informationen ist, die das Gespräch in eine neue Richtung lenken können. Er ist ein Anführer, der den zu beschreitenden Weg deutlich vor Augen hat und auch wagt, ihn zu gehen – mit den anderen. Seine Stärke ist die Disziplin. Dabei hat er auch eine gewisse Neigung zur Veränderung. – Manchmal können neue Strukturen nur entstehen, wenn vorher Trennung und Zerstörung den Weg frei gemacht haben.

Der Sternenstrahl der Wahrheit, den der Feuerstein auf die Erde bringt, ist wie ein Kristallschwert, das als Blitz in die Erde fährt. Die Klinge fährt geradewegs in ihr Ziel und bringt dort Transformation mit sich. Wenn dies passiert ist, verteilt sich die Energie in alle vier Weltecken.

Der Feuerstein ist inkarniertes Licht, das sich verfestigt und materialisiert hat. Einem vom Blitz gespaltenen Baum schreiben die Cherokee besondere Heilkräfte zu. Die lebende Lichtkraft heiliger Steine oder anderer heiliger Objekte wurde schon in der Urzeit zum Verstärken von Ritualen und Wahrsagezeremonien benutzt.

Das Cherokee-Wort für Feuerstein bedeutet auch *glatt, Glas, Eis* oder *Hagel.* Doch unter der kühlen Oberfläche lodert das

Feuer. Und wie ein Vulkan kann es jederzeit ausbrechen. Denn der Feuerstein ist es schließlich, der den Funken schlägt. Er formt Rohmaterial zu etwas Brauchbarem um, manchmal sogar zu etwas Schönem. Irgendwo in diesem Spiegellabyrinth liegt, von einem Rauchschleier verborgen, die nackte Wahrheit. Dieses Zeichen ätzt das Überflüssige weg. Es raubt die Illusionen und macht so Platz für gesundes inneres Wachstum. Zeit gehört zum Wesen der Dinge. Entscheidungsfreude – der Nutzen des Augenblicks – bringt schließlich Gedeihen.

In diesem Zeichen ist der Animus, der männliche Aspekt der menschlichen Persönlichkeit zu Hause. Er ist so schwer zu fassen wie das Irrlicht, so nebelhaft wie eine Wolke und so körperlos wie der Rauch, der unsere Botschaften zum Großen Geist trägt – doch ebenso mächtig. Der Blitz entsteht aus Elektrizität, der stärksten Kraft, die der Mensch kennt; sie ist aber auch die geheimnisvollste: So wenig festzubannen wie das Quecksilber und doch glänzend und funkelnd wie ein Silberstück. Dies zeigt ein wenig die widersprüchlichen Kräfte des Feuerstein-Geborenen, die ihm ein großes Los bescheren, wenn sie gezügelt und kanalisiert werden, aber zu Chaos und Zerstörung führen, wenn sie keine Führung erfahren. Genau dasselbe gilt für die maskuline Energie: Wenn sie konstruktiven Zwecken gewidmet wird, vermag sie, Berge zu versetzen. Lässt man ihr jedoch die Zügel ungezäumt schießen, endet dies in solchen Katastrophen wie dem Holocaust, dem millionenfachen Mord am jüdischen Volk.

In der Frühzeit wurden die Messer, mit denen die Jäger das Wild am Ende töteten, aus Feuerstein gemacht. Später trug ihn der Schäfer mit sich, der seine Tiere für Opfer und Nahrung tötete. Im Augenblick gehört zu diesem Zeichen der Techniker, der Häuser, Brücken und Straßen baut. Große Städte, Fabriken, Flugzeuge und Bomben. Er macht aus den Pflugscharen Schwerter, Vernichtungsinstrumente. Er führt die zivilisierte Welt so weit als irgend möglich weg von ihren weiblichen Ursprüngen: Landwirtschaft, Frieden und Leben mit der Natur.

In der alten Cherokeekultur konnte eine Frau jede Tätigkeit ausüben, wenn sie die Initiationsriten meisterte. Genauso konnte sich ein Mann der Landwirtschaft, der Küche oder Kinderpflege widmen – ohne sein Gesicht dabei zu verlieren. Eine Frau, die unter diesem Zeichen geboren ist, verfügt über technische Begabungen, die einen praktischen Ausdruck finden müssen. Vielleicht hat sie auch das Bedürfnis, einen Führungsposten in aktiver, positiver, auf das Miteinander ausgerichteter Art und Weise auszufüllen. Heute sind Haushalte mit allein erziehenden Elternteilen und Frauen am Arbeitsplatz ja eine ganz normale Angelegenheit geworden.

Der Feuerstein ist ein altes Zeichen, das von den Sternen auf die Erde kam. Hier wird es vielleicht einen vollen Zyklus lang bleiben, bevor es wieder dorthin zurückkehrt, woher es gekommen ist. Er hat uns in ein Zeitalter virtueller Computerrealitäten geführt. Er ist der forschende Geist, der hinter Silicon Valley steckt. Der Feuerstein hat uns zum Mond geführt, dem letzten Haltepunkt vor der großen Reise in die Ewigkeit.

Feuerstein ist der Wandler, der Transformator, dessen Lebenszweck darin besteht, Dinge vorwärts zu treiben und die dabei anfallenden Abfälle zu entsorgen. Er putzt die Tafel blank, damit das strahlende Morgen seinen Platz findet.

Der Schattentanz

Dieses Zeichen neigt zur Selbstaufopferung, zum Märtyrertum. Es ist anfällig für unterdrückten Ärger und das *grüngeaugte Scheusal*, die Eifersucht. Auch Eitelkeit ist ein sehr massiver Fallstrick beim Feuerstein-Geborenen. Er neigt dazu, sich zu sehr auf seine persönliche Erscheinung und sein Auftreten zu konzentrieren. Das führt mitunter zu einem übertriebenen Selbstbewusstsein. Wenn man sich aber nicht entscheiden kann, ob man mit anderen oder doch lieber allein arbeitet, wird man am Ende überhaupt nichts zu Stande bringen, sondern nur ständig zwischen den Torpfosten hin- und herlaufen.

Macht will sinnvoll verwendet werden. Ein Mann muss nicht seine Frau verprügeln oder im sozialen Umgang versagen, um zu beweisen, dass er männlich ist. Die höheren Qualitäten der Männlichkeit liegen darin, Verantwortung für Familie und Gemeinschaft zu übernehmen. Auch die Frau muss nicht unbedingt die Hosen anhaben, um ihren Wert zu beweisen.

Sehen Sie in den Spiegel und betrachten Sie Ihr Bild. Erkennen Sie die Schattenseiten zwischen Ihnen und dem Stern. Sie haben die Gabe der Einsicht. Vereinigen Sie sich mit dem Licht.

Kardinalsvogel – Totsu'hwa
VꞀG

Himmels-richtung:	Westen – Traumzeit unter dem Baum, Tor zur Anderswelt, eine Honigwabe voller Liebe, Frieden und ewigem Leben.
Symbol:	Roter Kardinalsvogel
Farbe:	Königspurpur
Stein:	Amethyst
Element:	Erde
Blume:	Apfelblüte (Malus)
Pflanze:	Wilde Erdbeeren (Fragaria vesca)

Der Kardinalsvogel ist das irdische Abbild von Alkyone, dem jüngsten und hellsten Stern der Plejaden, die im Sternbild des Stiers liegen. Irgendwann im Laufe des 18. Jahrhunderts behauptete ein Astronom, dass Alkyone die zentrale Sonne unseres Universums ist, das wahre Herz des Himmels. Doch die Gelehrten an den Universitäten widersetzten sich dieser These.

Die Cherokeelegenden erzählen, dass das *Volk* ursprünglich von den Plejaden auf die Erde kam und dass wir eines Tages nach *Nun'dogun'yi*, ins Land der Sonne, zurückkehren werden. Diese Legende existiert auch bei anderen Völkern dieser Erde.

Der Kardinalsvogel ist ein Kind des Sonnengeists. Er ist das Feuerzeichen schlechthin, das andere Ich der Sonne hier auf Erden. Dieses Zeichen kocht vor ungezügelter Emotionalität über wie ein Vulkan, der Lava spuckt.

Es ist ein sehr weibliches Zeichen, quasi die Hand, welche die Wiege schaukelt. Es verfügt über eine tiefe Liebe zu Kindern. Jene sitzen ihm zu Füßen und hören den Geschichten von all den Wundern dieser und der nächsten Welt zu. In ihm spiegelt sich die Sanftmut und großäugige Unschuld im Geist eines Kindes wider.

Die Tochter der Sonne ist das Symbol für die nährende Energie schlechthin. Die königliche Prinzessin, die sich um die Alten, Gebrechlichen, Geknechteten, Vergessenen kümmert, um die Lahmen, die Kranken und Schwachen. Sie findet für ihre Schützlinge immer einen Platz an der Sonne.

Die männliche Seite dieses Zeichens bringt Dichter hervor, sanfte Romantiker, die beim Kampf um Wahrheit und Schönheit mit Windmühlen fechten, den jungen Mann, der nicht klug ist, dafür aber umso leidenschaftlicher liebt.

Die Cherokee heißen auch *Freunde des Donners*. Die *Donnerjungen*, die wir auch *kleine, rote Männer* nennen, sind Söhne des Roten Mannes, das heißt des Mondes. Sie sind die hörbare Hälfte von Donner und Blitz – Gefährten von Regen, Wolken und Sturm. Der Blitz zeigt, wo der Kardinalsvogel fliegt. Er ist der sichtbare *heiße Draht* zwischen Erde und Himmel. Er verbindet die Energie von Sonne und Planeten mit jener der Erde. Der Blitz vereinigt seine Vitalenergie mit der der Pflanzen und Tiere, um so das Wachstum anzuregen und die jährliche Rückkehr der Fruchtbarkeit sicherzustellen. Er sorgt für die Verbindung von Sonne und Mond, Erde und Himmel, damit das Leben weitergehen kann, ohne welches das Land kahl und leer bliebe.

Menschen dieses Zeichens sind voller Begeisterung, Neugier und Vorstellungskraft, Träumer eben, Kreuzritter und Luftschlossbauer. Sie strahlen ganz von selbst Energie aus und regen andere Menschen zu neuen Ideen an.

Blitze sind der sichtbare Beweis dafür, dass der Geist des Kardinalsvogels am Himmel tätig ist. Der Blitz verfügt auch über eine gewisse spirituelle Kraft, denn die Medizinfrau (bzw. der Medizinmann) hat in ihrem Körper den *Blitz im Blut*, den Pulsschlag ihrer Schamanenkraft. Eine Schwingung von Körper zu Körper zu übertragen ist mitunter sogar kraftvoller als Worte oder Kommunikation von Geist zu Geist. Der Schlüssel zum Wissen unserer Ahnen, deren übersinnliche Fähigkeiten stärker entwickelt waren als die unseren, liegt darin, das Blut zum Sprechen zu bringen. Wenn sich der Blitz ausbreitet in die sieben

Himmelsrichtungen, dann leuchtet er uns auf dem Weg durch die Unterwelt hin zur Anderswelt. Und dann tut sich das Tor für uns auf.

Die heiligen Steine, die in Ritualen und bei Wahrsagezeremonien benutzt werden (Feuerstein, Obsidian, Kristalle und andere Steine, die lebendige Kraft in sich tragen), entstehen, wenn der Blitz in die Erde schlägt.

Gerade die Blitzenergie ist es, die den Menschen dieses Zeichens eine starke Intuition, eine innere Verbindung zum Universellen Bewusstsein sichert. Doch um dies nutzen zu können, müssen Sie erst in das elektrische System der Natur eintauchen und die überflüssige statische Elektrizität ableiten.

Menschen des Kardinalsvogel-Zeichens sind offen, facettenreich, freundlich, interessant und daher meist sehr beliebt. Häufig machen sie aus ihrer Rednergabe einen Broterwerb. Sie sind gute Lehrer, weil sie sich gut verständlich machen können. Doch auch zum Maler, Musiker oder Sänger eignen sie sich ausgezeichnet, vor allem, wenn sie ein wenig *old fashioned* bleiben. Sie respektieren die Tradition: Ganz neues Terrain betreten sie selten, sie konzentrieren sich lieber auf die Bebauung des vorhandenen.

Metaphysische und spirituelle Themen interessieren sie. In früheren Zeiten wurden sie auch gerne Geburtshelfer. Heilen auf natürliche Art ist übrigens eine spezifisch weibliche Stärke. Beispielsweise wurde die Rinde der amerikanischen Linde gekaut und auf einen Schlangenbiss aufgelegt, weil dieser Baum eine Verbindung zum Donner hatte und so der Kraft des Blitzes, der zur Schlange gehörte, widerstehen konnte.

Feuer kann heftig brennen und alles verschlingen, was es berührt. Manchmal ruht die Glut aber auch einfach unter der Asche und wartet darauf, wieder zur Flamme erweckt zu werden. Wie die rastlose Jugend, die niemals alt wird – sie macht nur einfach immer weiter und weiter und weiter …

Die Kardinalsvogel-Geborenen bereiten die Erde, sie vernichten das Unkraut und versorgen die Beete, sodass die Pflanzen reiche Frucht tragen.

Dies ist das Zeichen der Fruchtbarkeit, der Kessel der Schöpfung selbst. Hier findet sich der Keim der Wiedergeburt, der von diesem Zeichen gesetzt wird.

Leg Zwiebelchen nun in die Erd,
wo es behaglich warm.
Denn Blumenkinder brauchen doch
Schutz vor des Winters Harm.

Dort lassen wir die Kleinen dann,
auf dass sie schlafen gehen.
Bis der Frühling sie erweckt,
und jedes aus dem frostigen Bett
seine zarten Ärmchen streckt.

Der Kardinalsvogel legt den Schalter um, der das Licht auf der ganzen Welt zum Entflammen bringt, setzt die Mühlen in Gang, die den Sand der Zeit mahlen.

Der Schattentanz

Wenn Feuer unter Kontrolle ist, dann wirkt es Wunder für den Fortschritt der Menschheit. Bricht es aber aus, dann zerstört es gleich eine ganze Menge. Genau dasselbe gilt auch für das Feuer dieses Zeichens. Ausgeglichenheit tut Not. Denn die Emotionen flammen gerne auf, außen und innen gleichermaßen. Kardinalsvogel-Geborene lieben die Menschheit, alle Nationen, alle Rassen. Nur die Begegnung von Mensch zu Mensch finden sie anstrengend.

Sie erkunden neue Grenzen.
Sie erleben Transformation.
Sie setzen den Schmelztiegel der Veränderung in Gang.

Lernen Sie, Ihre Schätze vom Unrat zu scheiden. Sammeln Sie all Ihre Zweifel, Ängste und Unsicherheiten – und schleudern Sie diese ins lebendige Feuer. Durchtrennen Sie die Bindung an frühere Fehler. Die Zukunft wartet auf Sie. Und lassen Sie Ihre Tragödien nicht immer und immer wieder im Geist Revue passieren wie eine Schallplatte, die immer an derselben Stelle hängen bleibt. Ihr Feuer hilft Ihnen, Ihre Werkzeuge zu schmieden.

Blume – Gun'tsi
EK

Himmels-richtung:	Süden – Mittsommer, die Erde in voller Blüte, die Energie von Liebe und Kreativität, die vergängliche Schönheit der Blüten.
Symbol:	Sonnenblumenblüte (Auge der Sonne)
Farbe:	Gold
Stein:	Rubin
Element:	Feuer
Blume:	Sonnenblume (Helianthus annuus)
Pflanze:	Holz der Rotzeder (Cedrus atlantica)

Das Himmelszeichen ist hier die Sonne, *Agehyagugun,* der Ruheplatz des Großen Geistes, dessen zyklische Bewegung unser aller Leben strukturiert. Feuer ist die *Sonne auf Erden* oder das Alte Weiße, ihr zweites Ich.

Sonnenschein ist die Energie, die – zusammen mit der Fruchtbarkeit des Mondes – die Erde erneuert. Die Kinder der beiden sind: der Kardinalsvogel, der Morgenstern und die beiden »kleinen, roten Männer des Donners«.

Aber die Sonne ist nicht nur für die Erneuerung und Erhaltung allen Lebens verantwortlich, sie ist gleichzeitig die Kommunikationsexpertin schlechthin. Über sie finden Botschaften von anderen Sternen der Galaxis ihren Weg zu uns. Der Stern des Kardinalsvogels zum Beispiel, Alkyone, der zu den Plejaden gehört, ist eine Quelle dieser außerirdischen Wellen. Und der Schlüssel zum Entziffern dieser Botschaften liegt in den Sonnenflecken.

Menschen dieses Zeichens sind Kanäle für diese Botschaften. Vielleicht haben sie ja Lust, bei SETI* mitzumachen und das Problem der kosmischen Kommunikation ein für alle Mal zu lösen.

Blume-Geborene sind wie ein natürlicher Kanal für die Strahlen der Liebe, welche vom Herzen des Himmels ausgehen. Idealisten, künstlerisch begabte Träumer, hingebungsvoll, romantisch und offen. Menschen, die sich der Schönheit der Erde und ihrer Wunder bewusst sind: Sonnenlicht, das sich in einen gelben Schmetterling verwandelt, der sich von Blüte zu Blüte schwingt und dort den Nektar des positiven Denkens einsammelt, um ihn dann in die vier Winde zu verstreuen.

Die Nachtsonne erweckt, wenn sie erst im Westen untergegangen ist, den Schwarzen Obsidianschmetterling zum Leben, den Nachtfalken, das Raubtier, der die Panik in den Herzen der Menschen entfacht und den Unvorsichtigen böse Visionen eingibt.

Dieses Zeichen sollte darauf achten, seinen Idealismus mit genügend Realismus zu paaren: das Licht zu genießen und mit der Dunkelheit leben zu können. Erst dann steht der Weg zum Besten beider Welten offen.

Menschen dieses Zeichens sprechen die lebendige Sprache des Lichts, welche in anderen Menschen den Funken der Bewusstwerdung entzündet. Mit ihrer sanften Art zu sprechen locken sie buchstäblich die *Vögel* von den Bäumen, ganz egal, ob sie nur mit einem sprechen oder mit mehreren. Sie sind sanft wie die Taube, die Dienerin der Sonne, die heute für *Frieden um jeden Preis* steht.

Das Bild der Blume-Geborenen sollte nicht mit den so genannten *Blumenkindern* der 60er Jahre verwechselt werden, die Blumen trugen, um zu signalisieren, dass sie das Unmögliche wollten. Blume-Geborene hegen vielleicht dieselben Träume, im Unterschied zu den Blumenkindern sind sie aber durchaus willens, die bestehende Maschinerie mit ihrem Muskelschmalz zu schmieren.

In diesem Zeichen ist der fahrende Ritter zu Hause, der auszieht, um Ruhm und Ehre zu suchen. Der große Name ist für ihn alles, daher fühlt er sich hingezogen zu einem glanzvollen Le-

---

* Search for Extraterrestrial Intelligence, ein amerikanisches Programm zur Erforschung von außerirdischer Intelligenz, bei dem auch Privatpersonen die Rechenkapazität ihres Computers zur Verfügung stellen können.

bensstil. Nur zu gerne fährt er auf dem Karussell gesellschaftlicher Verpflichtungen mit und versucht, den Messingring zu erhaschen. Er sammelt Schüler um sich, weil er das Geräusch des donnernden Applauses liebt. In der Lotterie sucht er nach dem Haupttreffer, und das Glitzern von Diamanten fasziniert ihn. Warum auch nicht? Schließlich ist Gold die Farbe des Mutes und zeigt die Möglichkeit von Reichtum an.

Karriere machen Blume-Geborene in den Künsten, im Handwerk, im Weben beispielsweise oder beim Liederschreiben, aber auch als Goldschmiede und im Metallgewerbe. Sie sind gute Unterhalter, aber sie können auch hervorragend Spenden eintreiben. Als Handwerker sind sie äußerst geschickt. Sind ihre Neigungen mehr intellektueller Natur, finden sie vermutlich an den exakten Wissenschaften wie zum Beispiel an der Mathematik ihren Spaß. Welche Richtung sie auch immer einschlagen, Kreativität ist für sie äußerst wichtig. Findet diese Neigung im Berufsleben keine Erfüllung, dann sollte es zumindest ein Hobby sein, bei dem sie entweder Dinge herstellen oder über die Erscheinungen der Natur meditieren.

Frauen in diesem Zeichen neigen zum Dekorativen. Sie backen phantasievolle Kuchen, fertigen Stickereien bzw. schöne Kleider an und lieben auch persönlich Schmuck. Natürlich steht dies auch allen Männern offen. Als im 18. Jahrhundert Glasperlen ihren Weg zu den Stämmen der Cherokee fanden, waren die Männer die ersten, die sich damit schmückten.

Die Geborenen dieses Zeichens vermögen gut im Team zu arbeiten, daher finden sie mitunter auch Befriedigung, wenn sie das künstlerische Schaffen anderer koordinieren. Alle sind harte, eifrige Arbeiter mit klaren Zielen, die am liebsten selbst mit Hand anlegen und dabei einen sonnigen Humor ins Team einbringen.

Blume-Geborene sind sehr bemüht um ihre persönlichen Beziehungen, und wenn sie verheiratet sind, gelingt ihnen alles viel besser. Sie haben Freude am Teilen, am liebsten sind sie eben mit jemandem zusammen. Dieser Typus fühlt sich mit Menschen wohl. Blume-Geborene können mit einer Schreibmaschine am größten Bahnhof der Welt sitzen und ein Gedicht schreiben, ohne sich im geringsten stören zu lassen. Gemeinschaft ist für sie der Schlüssel zu allem. Sogar ihre Gefühle finden sie interessanter, wenn sie diese mit ihren Freunden diskutieren können. Und

Kummer wiegt sowieso weniger, sobald er auf mehrere Schultern verteilt ist. Unter einem Büffelfell haben mindestens zwei Leute Platz – und außerdem ist es dann auch noch wärmer.

Die flache Scheibe der Sonnenblumenblüte ist das Auge der Sonne, ein Mandala, das einen Stern im Zentrum des Universums darstellt. Die vielen Blütenblätter stehen für die Strahlen, welche die große Sonne aussendet. Obwohl die Cherokee gewöhnlich von sieben Himmelsrichtungen sprechen, gibt es deren unzählige, die sich rund um die Erdkugel in alle Richtungen erstrecken. Die Meditation mit einem solchen Mandala beruhigt die aufgewühlte Seele. Sie dämpft den Stress und die Spannung des Alltagslebens. Dadurch bleibt man ruhig und gesammelt, sodass man mit dem Kanu die tosende See ruhig durchmessen kann – es wird nicht kentern.

Das Gesicht der Sonnenblume dreht sich nach der Sonne – von Sonnenaufgang über den Mittagspunkt bis zum Sonnenuntergang. So sammelt sie das Feuer der Schöpfung, die ihr innewohnende Harmonie und Balance, die Schwingungen des Friedens und der Kontinuität im menschlichen Geist.

Dieses Zeichen ist der Kelch des Unendlichen, der Kessel der Schöpfung, der Bote eines planetarischen goldenen Zeitalters. Hier wohnt die vergängliche Schönheit einer Blume – die sich zeigt in der Zeit des Säens, des Reifens und sogar dann, wenn der Samen in der dunklen Erde ruht.

Das Zeichen Blume ist ein goldgeflügelter Vogel, der sich das Herz aus dem Leib singt – zu Ehren der *güldenen Sonne*.

Der Schattentanz

Der Blumentyp sucht nach Vollkommenheit in einer unvollkommenen Welt. Das Erwachen aus solch unrealistischen Erwartungen hat immer etwas mit Desillusionierung zu tun. Trotzdem hängen diese Menschen weiter an ihren Idealen, auch wenn die Sache schon längst verloren ist. Obwohl sie ihren Freunden und Seelenpartnern liebevoll entgegenkommen, wünschen sie sich doch denselben Enthusiasmus bei den anderen, was früher oder später zum Zusammenbruch der Kommunikation führt.

Das Denken der anderen wird gemeinhin weder verstanden noch respektiert. An ihrer eigenen Meinung hingegen halten sie fest, auch wenn sie längst schon widerlegt ist. Es fehlt manchmal an der Balance zwischen Geben und Nehmen. Dann finden sich die Blume-Geborenen plötzlich alleine mit ihren Tagträumen wieder.

Kommen Sie aus Ihrem Wolkenkuckucksheim herab und setzen Sie Ihre Füße auf festes Land. Freunden Sie sich mit der Wirklichkeit an. Vollkommenheit ist ein Ziel, das wir alle anstreben, auch wenn wir nicht erwarten können, es zu erreichen.

DIE DREIZEHN ZAHLEN

Eine Woche zählt bei den Cherokee 13 Tage. Das ist genau die Anzahl von Tagen, welche die Sonne braucht, um am Himmel dieselbe Distanz zurückzulegen, die der Mond in einem Tag schafft. Eine 13-Tage-Woche ist also ein Mondtag. Die 7-Tage-Woche des gregorianischen Kalenders hingegen fußt auf den vier Mondphasen: Neumond, zunchmender Mond, Vollmond, abnehmender Mond (4 x 7 = 28).

Die Cherokee verwendeten beim Zählen ein Vigesimalsystem (das heißt, sie zählten in 20er-Einheiten) anstelle des heutzutage im Westen gebräuchlichen Dezimalsystems. Man las die Zahlen von unten nach oben und nicht wie im Dezimalsystem rechts und links vom Komma. Bruchteile gab es praktisch nicht. Auch Sätze wurden von unten nach oben und von rechts nach links gelesen. Eine Zeitspanne wurde durch ihren letzten Tag bezeichnet und nicht durch ihren ersten. Die Null stand bei den Cherokee vor der 1 und nicht nach der 9. Zählte man also die Wochentage durch, so kam man auf 0 bis 12 und nicht auf 1 bis 13. Würden wir hier mit diesem System arbeiten, wären wir wahrscheinlich bald hoffnungslos verloren, daher fügen wir uns den heutigen Gepflogenheiten und vermeiden unnötige Verwirrung. Wir begnügen uns damit, die Zahlensymbole von oben nach unten zu lesen und zu erläutern. Alles andere passt nicht mehr so recht in unser bzw. euer Computerzeitalter.

Die Kaurischnecke ist das Symbol schlechthin für alles Weibliche, aus dem die ganze Schöpfung geboren wurde. Daher gilt sie als Zeichen für die Null: für das Nichts, aus dem alles entsteht.

Ein Punkt steht für eine Einheit, ein Strich für die 5. Den eigentlichen Wert dieser Zeichen bestimmt die Stellung im Zahlenbild. Umfasst das Zahlenbild zum Beispiel nur eine Zeile, dann drückt es Zahlen bis 20 aus:

⊝ • •••• — •• •••• ≡ ••• ≡ ••••

Null Eins Vier Fünf Sieben Neun Zehn 13 15 19

Steht oberhalb dieser Zeile eine zweite, dann stehen die jeweiligen Einheiten für ein Vielfaches von Zwanzig. Zum Beispiel:

•	(1	x	20	=	20)
⊝	(0	x	1	=	0)
				=	20

•••	(3	x	20	=	60)
—	(5	x	1	=	5)
				=	65

Die nächsthöhere Zeile signalisiert ein Vielfaches von Vierhundert (20 x 20). Zum Beispiel:

•	(1	x	400	=	400)
••	(2	x	20	=	40)
•̲	(6	x	1	=	6)
				=	446

Und so weiter bis ins Unendliche. Eine Welt (ein Äon, ein Zeitalter, eine Sonne) dauert etwa 5200 Jahre:

•••̲	(13	x	400	=	5200)
⊝	(0	x	20	=	0)
⊝	(0	x	1	=	0)
				=	5200

Natürlich sind solche Angaben von der Dauer einer Welt bzw. eines Zeitalters relativ, denn schließlich kann niemand genau wissen, wann die eine Welt enden wird, nicht einmal, wenn man ihren genauen Anfang kennen würde – doch dieses Wissen verliert sich im Dunkel der Zeit. Die Welten, die der unseren vorangingen, gingen in gewaltigen Katastrophen unter. Wasserfluten (wie im biblischen Mythos), Feuer, Eis und Wind brachten jeweils den Untergang. Die jetzige Welt soll durch ein Erdbeben zu Grunde gehen.

Aber wie es so launig heißt: Sie müssen Ihren Job nicht kündigen, denn vielleicht verspätet sich das Erdbeben ja ein wenig.

Die heiligste Zahl ist bei den Cherokee die Vier: Sie steht für die vier Weltgegenden, die vier Jahreszeiten, die vier Phasen des menschlichen Lebens (die Jungfrau, die Mutter, die Alte oder Magierin sowie die Mitternacht des Todes).

Die Fünf steht für die Mitte im horizontalen Raum. Bei den Cherokee ist dies allerdings die erste Himmelsrichtung und nicht die fünfte, denn auf sie sind alle anderen ausgerichtet.

Die Sieben umfasst die Mitte des Seins, alle vier horizontalen Himmelsrichtungen sowie Zenit und Nadir: Das notwendige Minimum, um alle Verhältnisse in Raum und Zeit zu definieren. Daher stehen die Sieben Clans im weitesten Sinne für alle Menschen in Zeit und Raum.

Neunundvierzig (7 x 7) hingegen ist die heilige Zahl, auf der die Welt gegründet ist, was in entsprechenden Ritualen zum Ausdruck kommt.

Und Zweiundfünfzig ist die Zahl der Sonnenjahre (à 365 Tage), die vergehen müssen, bis der gregorianische Kalender und der heilige (Venus-)Kalender der Cherokee am selben Tag Neujahr feiern.

Jede der folgenden dreizehn Zahlen verleiht dem Zeichen, zu dem sie hinzugefügt wird, eine besondere Bedeutung:

1 •

Die Zahl Eins steht für die Sonne, für den Geist der Schöpfung und für Wiedergeburt. Sie intensiviert alle persönlichen Züge des mit ihr verbundenen Zeichens. Sie bezeichnet den Energiestrahl der Einheit von Selbst und Kosmos, das Licht der Welt, den Regenbogen der Vielfalt, die magnetische Kraft, welche die Schwingungen des Universums harmonisiert und Kelch der Unendlichkeit. Sie ist die Mutter der Erfindung, des Anfangs, des Erwachens, der individuelle Ausdruck und künstlerische Drang. Sie sind Initiator und bahnen den Weg.

2 ••

Die Zahl Zwei ist der Energiestrahl der Spannung zwischen zwei gegensätzlichen Polen, die sich in Wahrheit ergänzen. Die Essenz des Universums ist es, diese Kraft der *Heldenzwillinge* auszubalancieren: Gut und Böse, Nacht und Tag, Meister und Sklave, Schwarz und Weiß, Yin und Yang – Mann und Frau. Alle Geister hingegen befinden sich in vollendetem Gleichgewicht, sie sind weder weiblich noch männlich.

Die Cherokee tanzen, um die Erde ins Gleichgewicht zu bringen. Auch Sie sind zum Tanz geladen.

3 •••

Die Zahl Drei bezeichnet das Dreieck, das universelle Symbol der Weiblichkeit.

Sie ist der Herzschlag des Kosmos, das unaufhörliche Plätschern des Lebensstromes, der Flug von Vögeln und Bienen, der Mond der Entjungferung – all die edlen Taten der Ritter und Damen des Landes. Diese Zahl erzählt uns von Kreativität, Kristallen, Zauber, Launen – alles im Namen der Fortpflanzung und des Wachstums.

Sie sind ein Liebhaber der Natur, der die Schönheit der Erde und den ungeheuren Reichtum, der daraus erwächst, feiert.

4 ••••

Vier an der Zahl sind die Weinreben, die die Schildkröteninsel am Himmelsgewölbe halten. Dies ist die heiligste Zahl überhaupt. Sie steht für den Zyklus der Jahreszeiten, für die Kardinalpunkte des täglichen Sonnenumlaufs sowie für die vier Mondphasen: Zusammen mit der Erde selbst sind dies die vier wesentlichen Elemente für die Entstehung des Lebens. Auch die viergeteilte Welt selbst, die sich in Land, Meer, Himmel und Unterwelt gliedert, ist damit gemeint.

Sie sind eine Persönlichkeit voll fundamentaler Kraft und grundlegender Spiritualität, die fest in der Erde (im Heiligen Berg) verankert ist.

5 ——

Die Zahl Fünf steht für Venus, den Sternengeist der Liebe und des Krieges. Venus ist eine sehr junge, kämpferische Feministin, die sich erst vor kurzem aus der Umarmung Jupiters befreit hat. Dann raste sie als Komet über den Himmel, stieß mit Mars zusammen und bedrohte über ein halbes Jahrtausend den Planeten

Erde, bevor sie sich endlich als Planet zur Ruhe setzte: ein wahrer Diamant am Nachthimmel.

Hier ist eine sprudelnde, funkelnde Persönlichkeit angezeigt, die im Zustand der Überladung schon beim geringsten Kontakt *explodiert*.

6 •

Die Zahl Sechs ist der Mond, den wir auch *Sechstöter* nennen, da er als großer Jäger gilt. Er ist der König der Herzen, denn die Mythen berichten, dass er Herr über alle Cherokee-Babys ist. Und der Mann im Mond ist ja in Wirklichkeit ein Waschbär, der Räuber der Herzen. Er hat viele Gestalten. Man nennt ihn auch *Une'hlanun'hi,* den Zuteiler, da er für die Monate des Mondkalenders zuständig ist.

Sie sind ein unverbesserlicher Romantiker, ständig auf der Suche nach dem Guten, Wahren, Schönen.

7 ••

In der **Zahl Sieben** stecken zweimal sechs Schritte: auf einer Seite der Pyramide hinauf, auf der anderen herunter, das gibt zwölf; dazu kommt die Ankunft in der Mitte – also dreizehn. Die oberste Ebene ist der traditionelle *siebte Himmel,* die oberste Plattform der Pyramide, die den Himmel symbolisierte. Sieben ist die Zahl, in der die Polaritäten ausbalanciert sind. Sieben mal sieben führt zur heiligsten Zahl überhaupt: Sie liegt dem Ritual der Entstehung der Welt zu Grunde.

Hier ist der Hüter des Ewigen Lichts gezeichnet, ein Schamane, der dieses Licht für das *Volk* hütet.

8 •••

Die Zahl Acht steht für die Erde und ihre harmonischen Schwingungen. Sie umfasst die männlich-weibliche Polarität der vierfaltigen Natur des Göttlichen: die vier Weltgegenden, Jahreszeiten, Elemente, Winde, Urströme und -berge. Hier beginnt man noch einmal ganz von vorne und wiederholt die gesamte Oktave – auf der Frequenz, auf der die gesamte organische Materie schwingt. Sie sind ein Mensch für Beziehungen, da Sie deren Magie wirklich verstehen: auch den Großen Plan für die Sieben Clans.

9 ●●●●

Die Zahl Neun steht für den Weltenbaum am Ende des Heiligen Pfades und am Rande des Abgrunds. Sie ist das Tor zum magischen Nachtland der mystischen Neunheit: Merkur, Venus, Mars, Jupiter, Uranus, Saturn, Neptun, Pluto und Chiron. Sie steht für das unendliche Gewebe auf dem Webstuhl der Zeit, welches die Metamorphose von der Raupe zum Schmetterling bewirkt.

Sie sind ein Individualist – mit übersinnlichen Fähigkeiten ausgestattet, der niemals im Gleichschritt marschiert.

10 ═══

Die Zahl Zehn symbolisiert den Fluss des Manna zwischen Himmel und Erde. In ihr spiegelt sich das »wie oben, so unten« perfekt wider. Denn alles, was im Himmel geschieht, hat seine Entsprechung hier unten auf der Erde. Zwei Striche zählen zehn Einheiten, die Hälfte von Zwanzig, der Zahl, die den Cherokee die Grundlage ihres Zahlensystems liefert. Am Anfang stand eben die Rechenmaschine der zehn Finger und zehn Zehen.

Sie sind ein Mensch, der anderen den Weg zeigt und sie führt, der ein wirres Gespinst verschiedener Fäden zu einer starken Lebenslinie flicht.

11 ═●

Die Zahl Elf ist der Scheideweg auf dem Pfad zu den Sternen, das Labyrinth, in welchem sich die menschliche Seele auf ihrem Weg verirren kann: von der Geburt zur Rückkehr zu den Sternen. Hier sollten wir Halt machen und uns einen Leitstern suchen. Befreien wir uns von den Häuten eines alten Lebens, damit wir das Wesentliche, die Essenz, freilegen können. Von diesem Punkt an müssen wir vorwärts und hinauf fliegen wie ein Pfeil, der von der Sehne schnellt.

Sie sind ein Geist wie ein Fangeisen; Sie wissen, wie man festhält – und wie man loslässt. Alles zu seiner Zeit!

12 ●●

Die Zahl Zwölf heißt bei den Cherokee *Ulunsu'ti*, der Magische Kristall. Damit ist der Stein mit den sechs Seiten gemeint, der Hälfte der Zahl Zwölf. Er verstärkt elektrischen Strom – und Ge-

bete, Wünsche, übersinnliche Wahrnehmungen. Er heilt, indem er die natürlichen Schwingungen des Körpers in Einklang bringt. Und er konzentriert die Strahlen der Sonne, sodass ein Feuer daraus entstehen kann. Er ist Energie für Herz und Geist.
Sie sind jemand, der das Licht der Spiritualität entzündet, Wärme schafft und den Motor anwirft.

13 ●●●

Die Zahl Dreizehn steht für das Universum selbst: alles, was ist, was war und je sein wird. Es gibt eine Nabelschnur zwischen dem Polarstern und dem Nabel der Erde. Diese vereint Vater Himmel und Mutter Erde. Die Vierfaltigkeit von Geist, Natur, Mitmensch und Selbst kommt zurück an den Ort, wo alles begann.

> *Die Welt hat kein Ende!*
> *Yeeah!*
> *Hier steht:*
> *Die Sonnenpriesterin*
> *Die Geliebte*
> *Die Stimme des Großen Geistes.*

WIE SIE IHR EIGENES TAGESZEICHEN FINDEN

Um Ihr Tageszeichen zu finden, müssen Sie sich eigentlich nur klarmachen, dass die Zeichen einander immer in derselben Reihenfolge erscheinen, ganz egal, welche Zahlen ihnen zugeordnet sind. Stellen Sie sich vor, die Tage gehen im Kreis herum (siehe die Darstellung des Zeichenkreises im 1. Kapitel, S. 19). Egal, wo Sie starten, die Zeichen stehen immer in derselben Beziehung zueinander. Sie zählen, indem Sie das Rad im Gegenuhrzeigersinn abschreiten.

Zuerst brauchen Sie einmal Tag, Monat und Jahr Ihrer Geburt. Der Tag der Cherokee beginnt bei Sonnenaufgang. Wenn Sie also nach Mitternacht und vor Sonnenaufgang geboren sind, dann fällt Ihr Geburtstag auf den vorhergehenden Tag. Wenn Sie im Sommer geboren sind, müssen Sie die Sommerzeit berücksichtigen. Eine Tabelle mit den genauen Daten finden Sie im Anhang (S. 159 f.).

Bitte denken Sie daran, dass 1900 KEIN Schaltjahr war. Doch seit 1904 ist jedes vierte Jahr, auch das Jahr 2000, ein Schaltjahr, was bedeutet, dass der Februar statt 29 nur 28 Tage hat. Mit Ihrem Geburtsdatum und der Geburtszeit versehen ziehen Sie nun die Tabellen am Ende des Buches zu Rate. Unten finden Sie ein Beispiel, wie das genau funktioniert. Sind Sie beispielsweise am 15. Mai 1961 (und zwar nach Sonnenaufgang) geboren, dann suchen Sie jetzt in der Tabelle nach den beiden Daten, die Ihr Geburtsdatum umschließen. In diesem Fall sind das:

10. Mai 1961   1 Hirsch
23. Mai 1961   1 Blume

Diese beiden Daten schreiben Sie nun auf ein Blatt Papier. Lassen Sie dazwischen genau 13 Zeilen frei und zählen Sie ab 1 Hirsch bis zur Zahl 13 nach unten, die letzte Zeile (1 Blume) beginnt wieder mit einer »1«. Rechts neben die Ziffer schreiben Sie jeweils die Cherokee-Zeichen; folgen Sie dabei der Reihenfolge, die in der Abbildung S. 19 im Gegenuhrzeigersinn angegeben ist (oder der Reihenfolge im Inhaltsverzeichnis dieses Buches). Links neben die Ziffer schreiben Sie bitte das Datum in aufsteigenden Tagen nach unten. Also so:

10. Mai 1961	1	**Hirsch**
11. Mai 1961	2	Hase
12. Mai 1961	3	Fluss
13. Mai 1961	4	Wolf
14. Mai 1961	5	Waschbär
15. Mai 1961	6	**Klapperschlangenzahn**
16. Mai 1961	7	Schilfrohr
17. Mai 1961	8	Puma
18. Mai 1961	9	Adler
19. Mai 1961	10	Eule
20. Mai 1961	11	Reiher
21. Mai 1961	12	Feuerstein
22. Mai 1961	13	Kardinalsvogel
23. Mai 1961	1	**Blume**

Wie Sie sehen, wäre Ihr Tageszeichen also 6 Klapperschlangenzahn. (Wenn Sie allerdings zwischen Mitternacht und Sonnenaufgang geboren wären, dann wäre es 5 Waschbär.)

Und noch ein Beispiel. Ist Ihr Geburtstag der 21. Juni 1953 (nach Sonnenuntergang), dann sieht das Ganze so aus:

15. Juni 1953	1	**Schildkröte**
16. Juni 1953	2	Wirbelwind
17. Juni 1953	3	Feuerstelle
18. Juni 1953	4	Drache
19. Juni 1953	5	Schlange
20. Juni 1953	6	Zwillinge
21. Juni 1953	7	**Hirsch**
22. Juni 1953	.8	Hase
23. Juni 1953	9	Fluss
24. Juni 1953	10	Wolf
25. Juni 1953	11	Waschbär

26. Juni 1953	12	Klapperschlangenzahn
27. Juni 1953	13	Schilfrohr
28. Juni 1953	**1**	**Puma**

In diesem Fall wäre Ihr Tageszeichen also 7 Hirsch. Wären Sie hingegen zwischen Mitternacht und Sonnenaufgang geboren, dann wäre es 6 Zwillinge.

Sobald Sie erst einmal einige Tageszeichen durchgerechnet haben, werden Sie höchstens noch fünf Minuten für eines brauchen – mathematische Wunderkinder schaffen's sogar noch schneller! Mit diesen Tabellen finden Sie Ihr persönliches Tageszeichen.

EPHEMERIDEN

Mit diesen Tabellen finden Sie Ihr persönliches Tageszeichen.

11. Jan.	**1900**	1	HASE	24. April	1901	1	EULE
24. Jan.	1900	1	SCHILDKRÖTE	7. Mai	1901	1	FLUSS
6. Feb.	1900	1	PUMA	20. Mai	1901	1	WIRBELWIND
19. Feb.	1900	1	HIRSCH	2. Juni	1901	1	ADLER
4. März	1900	1	BLUME	15. Juni	1901	1	HASE
17. März	1900	1	SCHILFROHR	28. Juni	1901	1	SCHILDKRÖTE
30. März	1900	1	ZWILLINGE	11. Juli	1901	1	PUMA
12. April	1900	1	KARDINALSVOGEL	24. Juli	1901	1	HIRSCH
25. April	1900	1	KLAPPERSCHLAN-	6. Aug.	1901	1	BLUME
			GENZAHN	19. Aug.	1901	1	SCHILFROHR
8. Mai	1900	1	SCHLANGE	1. Sept.	1901	1	ZWILLINGE
21. Mai	1900	1	FEUERSTEIN	14. Sept.	1901	1	KARDINALSVOGEL
3. Juni	1900	1	WASCHBÄR	27. Sept.	1901	1	KLAPPERSCHLAN-
16. Juni	1900	1	DRACHE				GENZAHN
29. Juni	1900	1	REIHER	10. Okt.	1901	1	SCHLANGE
12. Juli	1900	1	WOLF	23. Okt.	1901	1	FEUERSTEIN
25. Juli	1900	1	FEUERSTELLE	5. Nov.	1901	1	WASCHBÄR
7. Aug.	1900	1	EULE	18. Nov.	1901	1	DRACHE
20. Aug.	1900	1	FLUSS	1. Dez.	1901	1	REIHER
2. Sept.	1900	1	WIRBELWIND	14. Dez.	1901	1	WOLF
15. Sept.	1900	1	ADLER	27. Dez.	1901	1	FEUERSTELLE
28. Sept.	1900	1	HASE				
11. Okt.	1900	1	SCHILDKRÖTE	9. Jan.	**1902**	1	EULE
24. Okt.	1900	1	PUMA	22. Jan.	1902	1	FLUSS
6. Nov.	1900	1	HIRSCH	4. Feb.	1902	1	WIRBELWIND
19. Nov.	1900	1	BLUME	17. Feb.	1902	1	ADLER
2. Dez.	1900	1	SCHILFROHR	2. März	1902	1	HASE
15. Dez.	1900	1	ZWILLINGE	15. März	1902	1	SCHILDKRÖTE
28. Dez.	1900	1	KARDINALSVOGEL	28. März	1902	1	PUMA
				10. April	1902	1	HIRSCH
10. Jan.	**1901**	1	KLAPPERSCHLAN-	23. April	1902	1	BLUME
			GENZAHN	6. Mai	1902	1	SCHILFROHR
23. Jan.	1901	1	SCHLANGE	19. Mai	1902	1	ZWILLINGE
5. Feb.	1901	1	FEUERSTEIN	1. Juni	1902	1	KARDINALSVOGEL
18. Feb.	1901	1	WASCHBÄR	14. Juni	1902	1	KLAPPERSCHLAN-
3. März	1901	1	DRACHE				GENZAHN
16. März	1901	1	REIHER	27. Juni	1902	1	SCHLANGE
29. März	1901	1	WOLF	10. Juli	1902	1	FEUERSTEIN
11. April	1901	1	FEUERSTELLE	23. Juli	1902	1	WASCHBÄR

5. Aug.	1902	1	DRACHE	25. März	1904	1	WIRBELWIND
18. Aug.	1902	1	REIHER	7. April	1904	1	ADLER
31. Aug.	1902	1	WOLF	20. April	1904	1	HASE
13. Sept.	1902	1	FEUERSTELLE	3. Mai	1904	1	SCHILDKRÖTE
26. Sept.	1902	1	EULE	16. Mai	1904	1	PUMA
9. Okt.	1902	1	FLUSS	29. Mai	1904	1	HIRSCH
22. Okt.	1902	1	WIRBELWIND	11. Juni	1904	1	BLUME
4. Nov.	1902	1	ADLER	24. Juni	1904	1	SCHILFROHR
17. Nov.	1902	1	HASE	7. Juli	1904	1	ZWILLINGE
30. Nov.	1902	1	SCHILDKRÖTE	20. Juli	1904	1	KARDINALSVOGEL
13. Dez.	1902	1	PUMA	2. Aug.	1904	1	KLAPPERSCHLAN-
26. Dez.	1902	1	HIRSCH				GENZAHN
				15. Aug.	1904	1	SCHLANGE
8. Jan.	**1903**	1	BLUME	28. Aug.	1904	1	FEUERSTEIN
21. Jan.	1903	1	SCHILFROHR	10. Sept.	1904	1	WASCHBÄR
3. Feb.	1903	1	ZWILLINGE	23. Sept.	1904	1	DRACHE
16. Feb.	1903	1	KARDINALSVOGEL	6. Okt.	1904	1	REIHER
1. März	1903	1	KLAPPERSCHLAN-	19. Okt.	1904	1	WOLF
			GENZAHN	1. Nov.	1904	1	FEUERSTELLE
14. März	1903	1	SCHLANGE	14. Nov.	1904	1	EULE
27. März	1903	1	FEUERSTEIN	27. Nov.	1904	1	FLUSS
9. April	1903	1	WASCHBÄR	10. Dez.	1904	1	WIRBELWIND
22. April	1903	1	DRACHE	23. Dez.	1904	1	ADLER
5. Mai	1903	1	REIHER				
18. Mai	1903	1	WOLF	5. Jan.	**1905**	1	HASE
31. Mai	1903	1	FEUERSTELLE	18. Jan.	1905	1	SCHILDKRÖTE
13. Juni	1903	1	EULE	31. Jan.	1905	1	PUMA
26. Juni	1903	1	FLUSS	13. Feb.	1905	1	HIRSCH
9. Juli	1903	1	WIRBELWIND	26. Feb.	1905	1	BLUME
22. Juli	1903	1	ADLER	11. März	1905	1	SCHILFROHR
4. Aug.	1903	1	HASE	24. März	1905	1	ZWILLINGE
17. Aug.	1903	1	SCHILDKRÖTE	6. April	1905	1	KARDINALSVOGEL
30. Aug.	1903	1	PUMA	19. April	1905	1	KLAPPERSCHLAN-
12. Sept.	1903	1	HIRSCH				GENZAHN
25. Sept.	1903	1	BLUME	2. Mai	1905	1	SCHLANGE
8. Okt.	1903	1	SCHILFROHR	15. Mai	1905	1	FEUERSTEIN
21. Okt.	1903	1	ZWILLINGE	28. Mai	1905	1	WASCHBÄR
3. Nov.	1903	1	KARDINALSVOGEL	10. Juni	1905	1	DRACHE
16. Nov.	1903	1	KLAPPERSCHLAN-	23. Juni	1905	1	REIHER
			GENZAHN	6. Juli	1905	1	WOLF
29. Nov.	1903	1	SCHLANGE	19. Juli	1905	1	FEUERSTELLE
12. Dez.	1903	1	FEUERSTEIN	1. Aug.	1905	1	EULE
25. Dez.	1903	1	WASCHBÄR	14. Aug.	1905	1	FLUSS
				27. Aug.	1905	1	WIRBELWIND
7. Jan.	**1904**	1	DRACHE	9. Sept.	1905	1	ADLER
20. Jan.	1904	1	REIHER	22. Sept.	1905	1	HASE
2. Feb.	1904	1	WOLF	5. Okt.	1905	1	SCHILDKRÖTE
15. Feb.	1904	1	FEUERSTELLE	18. Okt.	1905	1	PUMA
28. Feb.	1904	1	EULE	31. Okt.	1905	1	HIRSCH
12. März	1904	1	FLUSS	13. Nov.	1905	1	BLUME

26. Nov. 1905	1 SCHILFROHR	4. Juli 1907	1 FEUERSTEIN
9. Dez. 1905	1 ZWILLINGE	17. Juli 1907	1 WASCHBÄR
22. Dez. 1905	1 KARDINALSVOGEL	30. Juli 1907	1 DRACHE
		12. Aug. 1907	1 REIHER
4. Jan. **1906**	1 KLAPPERSCHLAN-GENZAHN	25. Aug. 1907	1 WOLF
		7. Sept. 1907	1 FEUERSTELLE
17. Jan. 1906	1 SCHLANGE	20. Sept. 1907	1 EULE
30. Jan. 1906	1 FEUERSTEIN	3. Okt. 1907	1 FLUSS
12. Feb. 1906	1 WASCHBÄR	16. Okt. 1907	1 WIRBELWIND
25. Feb. 1906	1 DRACHE	29. Okt. 1907	1 ADLER
10. März 1906	1 REIHER	11. Nov. 1907	1 HASE
23. März 1906	1 WOLF	24. Nov. 1907	1 SCHILDKRÖTE
5. April 1906	1 FEUERSTELLE	7. Dez. 1907	1 PUMA
18. April 1906	1 EULE	20. Dez. 1907	1 HIRSCH
1. Mai 1906	1 FLUSS		
14. Mai 1906	1 WIRBELWIND	2. Jan. **1908**	1 BLUME
27. Mai 1906	1 ADLER	15. Jan. 1908	1 SCHILFROHR
9. Juni 1906	1 HASE	28. Jan. 1908	1 ZWILLINGE
22. Juni 1906	1 SCHILDKRÖTE	10. Feb. 1908	1 KARDINALSVOGEL
5. Juli 1906	1 PUMA	23. Feb. 1908	1 KLAPPERSCHLAN-GENZAHN
18. Juli 1906	1 HIRSCH		
31. Juli 1906	1 BLUME	7. März 1908	1 SCHLANGE
13. Aug. 1906	1 SCHILFROHR	20. März 1908	1 FEUERSTEIN
26. Aug. 1906	1 ZWILLINGE	2. April 1908	1 WASCHBÄR
8. Sept. 1906	1 KARDINALSVOGEL	15. April 1908	1 DRACHE
21. Sept. 1906	1 KLAPPERSCHLAN-GENZAHN	28. April 1908	1 REIHER
		11. Mai 1908	1 WOLF
4. Okt. 1906	1 SCHLANGE	24. Mai 1908	1 FEUERSTELLE
17. Okt. 1906	1 FEUERSTEIN	6. Juni 1908	1 EULE
30. Okt. 1906	1 WASCHBÄR	19. Juni 1908	1 FLUSS
12. Nov. 1906	1 DRACHE	2. Juli 1908	1 WIRBELWIND
25. Nov. 1906	1 REIHER	15. Juli 1908	1 ADLER
8. Dez. 1906	1 WOLF	28. Juli 1908	1 HASE
21. Dez. 1906	1 FEUERSTELLE	10. Aug. 1908	1 SCHILDKRÖTE
		23. Aug. 1908	1 PUMA
3. Jan. **1907**	1 EULE	5. Sept. 1908	1 HIRSCH
16. Jan. 1907	1 FLUSS	18. Sept. 1908	1 BLUME
29. Jan. 1907	1 WIRBELWIND	1. Okt. 1908	1 SCHILFROHR
11. Feb. 1907	1 ADLER	14. Okt. 1908	1 ZWILLINGE
24. Feb. 1907	1 HASE	27. Okt. 1908	1 KARDINALSVOGEL
9. März 1907	1 SCHILDKRÖTE	9. Nov. 1908	1 KLAPPERSCHLAN-GENZAHN
22. März 1907	1 PUMA		
4. April 1907	1 HIRSCH	22. Nov. 1908	1 SCHLANGE
17. April 1907	1 BLUME	5. Dez. 1908	1 FEUERSTEIN
30. April 1907	1 SCHILFROHR	18. Dez. 1908	1 WASCHBÄR
13. Mai 1907	1 ZWILLINGE	31. Dez. 1908	1 DRACHE
26. Mai 1907	1 KARDINALSVOGEL		
8. Juni 1907	1 KLAPPERSCHLAN-GENZAHN	13. Jan. **1909**	1 REIHER
		26. Jan. 1909	1 WOLF
21. Juni 1907	1 SCHLANGE	8. Feb. 1909	1 FEUERSTELLE

21. Feb.	1909	1	EULE
6. März	1909	1	FLUSS
19. März	1909	1	WIRBELWIND
1. April	1909	1	ADLER
14. April	1909	1	HASE
27. April	1909	1	SCHILDKRÖTE
10. Mai	1909	1	PUMA
23. Mai	1909	1	HIRSCH
5. Juni	1909	1	BLUME
18. Juni	1909	1	SCHILFROHR
1. Juli	1909	1	ZWILLINGE
14. Juli	1909	1	KARDINALSVOGEL
27. Juli	1909	1	KLAPPERSCHLAN-GENZAHN
9. Aug.	1909	1	SCHLANGE
22. Aug.	1909	1	FEUERSTEIN
4. Sept.	1909	1	WASCHBÄR
17. Sept.	1909	1	DRACHE
30. Sept.	1909	1	REIHER
13. Okt.	1909	1	WOLF
26. Okt.	1909	1	FEUERSTELLE
8. Nov.	1909	1	EULE
21. Nov.	1909	1	FLUSS
4. Dez.	1909	1	WIRBELWIND
17. Dez.	1909	1	ADLER
30. Dez.	1909	1	HASE
12. Jan.	**1910**	1	SCHILDKRÖTE
25. Jan.	1910	1	PUMA
7. Feb.	1910	1	HIRSCH
20. Feb.	1910	1	BLUME
5. März	1910	1	SCHILFROHR
18. März	1910	1	ZWILLINGE
31. März	1910	1	KARDINALSVOGEL
13. April	1910	1	KLAPPERSCHLAN-GENZAHN
26. April	1910	1	SCHLANGE
9. Mai	1910	1	FEUERSTEIN
22. Mai	1910	1	WASCHBÄR
4. Juni	1910	1	DRACHE
17. Juni	1910	1	REIHER
30. Juni	1910	1	WOLF
13. Juli	1910	1	FEUERSTELLE
26. Juli	1910	1	EULE
8. Aug.	1910	1	FLUSS
21. Aug.	1910	1	WIRBELWIND
3. Sept.	1910	1	ADLER
16. Sept.	1910	1	HASE
29.Sept.	1910	1	SCHILDKRÖTE
12. Okt.	1910	1	PUMA

25. Okt.	1910	1	HIRSCH
7. Nov.	1910	1	BLUME
20. Nov.	1910	1	SCHILFROHR
3. Dez.	1910	1	ZWILLINGE
16. Dez.	1910	1	KARDINALSVOGEL
29. Dez.	1910	1	KLAPPERSCHLAN-GENZAHN
11. Jan.	**1911**	1	SCHLANGE
24. Jan.	1911	1	FEUERSTEIN
6. Feb.	1911	1	WASCHBÄR
19. Feb.	1911	1	DRACHE
4. März	1911	1	REIHER
17. März	1911	1	WOLF
30. März	1911	1	FEUERSTELLE
12. April	1911	1	EULE
25. April	1911	1	FLUSS
8. Mai	1911	1	WIRBELWIND
21. Mai	1911	1	ADLER
3. Juni	1911	1	HASE
16. Juni	1911	1	SCHILDKRÖTE
29. Juni	1911	1	PUMA
12. Juli	1911	1	HIRSCH
25. Juli	1911	1	BLUME
7. Aug.	1911	1	SCHILFROHR
20. Aug.	1911	1	ZWILLINGE
2. Sept.	1911	1	KARDINALSVOGEL
15. Sept.	1911	1	KLAPPERSCHLAN-GENZAHN
28. Sept.	1911	1	SCHLANGE
11. Okt.	1911	1	FEUERSTEIN
24. Okt.	1911	1	WASCHBÄR
6. Nov.	1911	1	DRACHE
19. Nov.	1911	1	REIHER
2. Dez.	1911	1	WOLF
15. Dez.	1911	1	FEUERSTELLE
28. Dez.	1911	1	EULE
10. Jan.	**1912**	1	FLUSS
23. Jan.	1912	1	WIRBELWIND
5. Feb.	1912	1	ADLER
18. Feb.	1912	1	HASE
2. März	1912	1	SCHILDKRÖTE
15. März	1912	1	PUMA
28. März	1912	1	HIRSCH
10. April	1912	1	BLUME
23. April	1912	1	SCHILFROHR
6. Mai	1912	1	ZWILLINGE
19. Mai	1912	1	KARDINALSVOGEL

1. Juni 1912 1 KLAPPERSCHLAN-GENZAHN
14. Juni 1912 1 SCHLANGE
27. Juni 1912 1 FEUERSTEIN
10. Juli 1912 1 WASCHBÄR
23. Juli 1912 1 DRACHE
5. Aug. 1912 1 REIHER
18. Aug. 1912 1 WOLF
31. Aug. 1912 1 FEUERSTELLE
13. Sept. 1912 1 EULE
26. Sept. 1912 1 FLUSS
9. Okt. 1912 1 WIRBELWIND
22. Okt. 1912 1 ADLER
4. Nov. 1912 1 HASE
17. Nov. 1912 1 SCHILDKRÖTE
30. Nov. 1912 1 PUMA
13. Dez. 1912 1 HIRSCH
26. Dez. 1912 1 BLUME

8. Jan. **1913** 1 SCHILFROHR
21. Jan. 1913 1 ZWILLINGE
3. Feb. 1913 1 KARDINALSVOGEL
16. Feb. 1913 1 KLAPPERSCHLAN-GENZAHN
1. März 1913 1 SCHLANGE
14. März 1913 1 FEUERSTEIN
27. März 1913 1 WASCHBÄR
9. April 1913 1 DRACHE
22. April 1913 1 REIHER
5. Mai 1913 1 WOLF
18. Mai 1913 1 FEUERSTELLE
31. Mai 1913 1 EULE
13. Juni 1913 1 FLUSS
26. Juni 1913 1 WIRBELWIND
9. Juli 1913 1 ADLER
22. Juli 1913 1 HASE
4. Aug. 1913 1 SCHILDKRÖTE
17. Aug. 1913 1 PUMA
30. Aug. 1913 1 HIRSCH
12. Sept. 1913 1 BLUME
25. Sept. 1913 1 SCHILFROHR
8. Okt. 1913 1 ZWILLINGE
21. Okt. 1913 1 KARDINALSVOGEL
3. Nov. 1913 1 KLAPPERSCHLAN-GENZAHN
16. Nov. 1913 1 SCHLANGE
29. Nov. 1913 1 FEUERSTEIN
12. Dez. 1913 1 WASCHBÄR
25. Dez. 1913 1 DRACHE

7. Jan. **1914** 1 REIHER
20. Jan. 1914 1 WOLF
2. Feb. 1914 1 FEUERSTELLE
15. Feb. 1914 1 EULE
28. Feb. 1914 1 FLUSS
13. März 1914 1 WIRBELWIND
26. März 1914 1 ADLER
8. April 1914 1 HASE
21. April 1914 1 SCHILDKRÖTE
4. Mai 1914 1 PUMA
17. Mai 1914 1 HIRSCH
30. Mai 1914 1 BLUME
12. Juni 1914 1 SCHILFROHR
25. Juni 1914 1 ZWILLINGE
8. Juli 1914 1 KARDINALSVOGEL
21. Juli 1914 1 KLAPPERSCHLAN-GENZAHN
3. Aug. 1914 1 SCHLANGE
16. Aug. 1914 1 FEUERSTEIN
29. Aug. 1914 1 WASCHBÄR
11. Sept. 1914 1 DRACHE
24. Sept. 1914 1 REIHER
7. Okt. 1914 1 WOLF
20. Okt. 1914 1 FEUERSTELLE
2. Nov. 1914 1 EULE
15. Nov. 1914 1 FLUSS
28. Nov. 1914 1 WIRBELWIND
11. Dez. 1914 1 ADLER
24. Dez. 1914 1 HASE

6. Jan. **1915** 1 SCHILDKRÖTE
19. Jan. 1915 1 PUMA
1. Feb. 1915 1 HIRSCH
14. Feb. 1915 1 BLUME
27. Feb. 1915 1 SCHILFROHR
12. März 1915 1 ZWILLINGE
25. März 1915 1 KARDINALSVOGEL
7. April 1915 1 KLAPPERSCHLAN-GENZAHN
20. April 1915 1 SCHLANGE
3. Mai 1915 1 FEUERSTEIN
16. Mai 1915 1 WASCHBÄR
29. Mai 1915 1 DRACHE
11. Juni 1915 1 REIHER
24. Juni 1915 1 WOLF
7. Juli 1915 1 FEUERSTELLE
20. Juli 1915 1 EULE
2. Aug. 1915 1 FLUSS
15. Aug. 1915 1 WIRBELWIND
28. Aug. 1915 1 ADLER

10. Sept.	1915	1 HASE		30. April	1917	1 ZWILLINGE
23. Sept.	1915	1 SCHILDKRÖTE		13. Mai	1917	1 KARDINALSVOGEL
6. Okt.	1915	1 PUMA		26. Mai	1917	1 KLAPPERSCHLAN-
19. Okt.	1915	1 HIRSCH				GENZAHN
1. Nov.	1915	1 BLUME		8. Juni	1917	1 SCHLANGE
14. Nov.	1915	1 SCHILFROHR		21. Juni	1917	1 FEUERSTEIN
27. Nov.	1915	1 ZWILLINGE		4. Juli	1917	1 WASCHBÄR
10. Dez.	1915	1 KARDINALSVOGEL		17. Juli	1917	1 DRACHE
23. Dez.	1915	1 KLAPPERSCHLAN-		30. Juli	1917	1 REIHER
		GENZAHN		12. Aug.	1917	1 WOLF
				25. Aug.	1917	1 FEUERSTELLE
5. Jan.	**1916**	1 SCHLANGE		7. Sept.	1917	1 EULE
18. Jan.	1916	1 FEUERSTEIN		20. Sept.	1917	1 FLUSS
31. Jan.	1916	1 WASCHBÄR		3. Okt.	1917	1 WIRBELWIND
13. Feb.	1916	1 DRACHE		16. Okt.	1917	1 ADLER
26. Feb.	1916	1 REIHER		29. Okt.	1917	1 HASE
10. März	1916	1 WOLF		11. Nov.	1917	1 SCHILDKRÖTE
23. März	1916	1 FEUERSTELLE		24. Nov.	1917	1 PUMA
5. April	1916	1 EULE		7. Dez.	1917	1 HIRSCH
18. April	1916	1 FLUSS		20. Dez.	1917	1 BLUME
1. Mai	1916	1 WIRBELWIND				
14. Mai	1916	1 ADLER		2. Jan.	**1918**	1 SCHILFROHR
27. Mai	1916	1 HASE		15. Jan.	1918	1 ZWILLINGE
9. Juni	1916	1 SCHILDKRÖTE		28. Jan.	1918	1 KARDINALSVOGEL
22. Juni	1916	1 PUMA		10. Feb.	1918	1 KLAPPERSCHLAN-
5. Juli	1916	1 HIRSCH				GENZAHN
18. Juli	1916	1 BLUME		23. Feb.	1918	1 SCHLANGE
31. Juli	1916	1 SCHILFROHR		8. März	1918	1 FEUERSTEIN
13. Aug.	1916	1 ZWILLINGE		21. März	1918	1 WASCHBÄR
26. Aug.	1916	1 KARDINALSVOGEL		3. April	1918	1 DRACHE
8. Sept.	1916	1 KLAPPERSCHLAN-		16. April	1918	1 REIHER
		GENZAHN		29. April	1918	1 WOLF
21. Sept.	1916	1 SCHLANGE		12. Mai	1918	1 FEUERSTELLE
4. Okt.	1916	1 FEUERSTEIN		25. Mai	1918	1 EULE
17. Okt.	1916	1 WASCHBÄR		7. Juni	1918	1 FLUSS
30. Okt.	1916	1 DRACHE		20. Juni	1918	1 WIRBELWIND
12. Nov.	1916	1 REIHER		3. Juli	1918	1 ADLER
25. Nov.	1916	1 WOLF		16. Juli	1918	1 HASE
8. Dez.	1916	1 FEUERSTELLE		29. Juli	1918	1 SCHILDKRÖTE
21. Dez.	1916	1 EULE		11. Aug.	1918	1 PUMA
				24. Aug.	1918	1 HIRSCH
3. Jan.	**1917**	1 FLUSS		6. Sept.	1918	1 BLUME
16. Jan.	1917	1 WIRBELWIND		19. Sept.	1918	1 SCHILFROHR
29. Jan.	1917	1 ADLER		2. Okt.	1918	1 ZWILLINGE
11. Feb.	1917	1 HASE		15. Okt.	1918	1 KARDINALSVOGEL
24. Feb.	1917	1 SCHILDKRÖTE		28. Okt.	1918	1 KLAPPERSCHLAN-
9. März	1917	1 PUMA				GENZAHN
22. März	1917	1 HIRSCH		10. Nov.	1918	1 SCHLANGE
4. April	1917	1 BLUME		23. Nov.	1918	1 FEUERSTEIN
17. April	1917	1 SCHILFROHR				

6. Dez. 1918	1	WASCHBÄR	26. Juli 1920	1	FLUSS
19. Dez. 1918	1	DRACHE	8. Aug. 1920	1	WIRBELWIND
			21. Aug. 1920	1	ADLER
1. Jan. **1919**	1	REIHER	3. Sept. 1920	1	HASE
14. Jan. 1919	1	WOLF	16. Sept. 1920	1	SCHILDKRÖTE
27. Jan. 1919	1	FEUERSTELLE	29. Sept. 1920	1	PUMA
9. Feb. 1919	1	EULE	12. Okt. 1920	1	HIRSCH
22. Feb. 1919	1	FLUSS	25. Okt. 1920	1	BLUME
7. März 1919	1	WIRBELWIND	7. Nov. 1920	1	SCHILFROHR
20. März 1919	1	ADLER	20. Nov. 1920	1	ZWILLINGE
2. April 1919	1	HASE	3. Dez. 1920	1	KARDINALSVOGEL
15. April 1919	1	SCHILDKRÖTE	16. Dez. 1920	1	KLAPPERSCHLAN-
28. April 1919	1	PUMA			GENZAHN
11. Mai 1919	1	HIRSCH	29. Dez. 1920	1	SCHLANGE
24. Mai 1919	1	BLUME			
6. Juni 1919	1	SCHILFROHR	11. Jan. **1921**	1	FEUERSTEIN
19. Juni 1919	1	ZWILLINGE	24. Jan. 1921	1	WASCHBÄR
2. Juli 1919	1	KARDINALSVOGEL	6. Feb. 1921	1	DRACHE
15. Juli 1919	1	KLAPPERSCHLAN-	19. Feb. 1921	1	REIHER
		GENZAHN	4. März 1921	1	WOLF
28.Juli 1919	1	SCHLANGE	17. März 1921	1	FEUERSTELLE
10. Aug. 1919	1	FEUERSTEIN	30. März 1921	1	EULE
23. Aug. 1919	1	WASCHBÄR	12. April 1921	1	FLUSS
5. Sept. 1919	1	DRACHE	25. April 1921	1	WIRBELWIND
18. Sept. 1919	1	REIHER	8. Mai 1921	1	ADLER
1. Okt. 1919	1	WOLF	21. Mai 1921	1	HASE
14. Okt. 1919	1	FEUERSTELLE	3. Juni 1921	1	SCHILDKRÖTE
27. Okt. 1919	1	EULE	16. Juni 1921	1	PUMA
9. Nov. 1919	1	FLUSS	29. Juni 1921	1	HIRSCH
22. Nov. 1919	1	WIRBELWIND	12. Juli 1921	1	BLUME
5. Dez. 1919	1	ADLER	25. Juli 1921	1	SCHILFROHR
18. Dez. 1919	1	HASE	7. Aug. 1921	1	ZWILLINGE
31. Dez. 1919	1	SCHILDKRÖTE	20. Aug. 1921	1	KARDINALSVOGEL
			2. Sept. 1921	1	KLAPPERSCHLAN-
13. Jan. **1920**	1	PUMA			GENZAHN
26. Jan. 1920	1	HIRSCH	15. Sept. 1921	1	SCHLANGE
8. Feb. 1920	1	BLUME	28. Sept. 1921	1	FEUERSTEIN
21. Feb. 1920	1	SCHILFROHR	11. Okt. 1921	1	WASCHBÄR
5. März 1920	1	ZWILLINGE	24. Okt. 1921	1	DRACHE
18. März 1920	1	KARDINALSVOGEL	6. Nov. 1921	1	REIHER
31. März 1920	1	KLAPPERSCHLAN-	19. Nov. 1921	1	WOLF
		GENZAHN	2. Dez. 1921	1	FEUERSTELLE
13. April 1920	1	SCHLANGE	15. Dez. 1921	1	EULE
26. April 1920	1	FEUERSTEIN	28. Dez. 1921	1	FLUSS
9. Mai 1920	1	WASCHBÄR			
22. Mai 1920	1	DRACHE	10. Jan. **1922**	1	WIRBELWIND
4. Juni 1920	1	REIHER	23. Jan. 1922	1	ADLER
17. Juni 1920	1	WOLF	5. Feb. 1922	1	HASE
30. Juni 1920	1	FEUERSTELLE	18. Feb. 1922	1	SCHILDKRÖTE
13. Juli 1920	1	EULE	3. März 1922	1	PUMA

16. März 1922	1	HIRSCH	4. Nov. 1923	1	SCHLANGE
29. März 1922	1	BLUME	17. Nov. 1923	1	FEUERSTEIN
11. April 1922	1	SCHILFROHR	30. Nov. 1923	1	WASCHBÄR
24. April 1922	1	ZWILLINGE	13. Dez. 1923	1	DRACHE
7. Mai 1922	1	KARDINALSVOGEL	26. Dez. 1923	1	REIHER
20. Mai 1922	1	KLAPPERSCHLAN-			
		GENZAHN	8. Jan. **1924**	1	WOLF
2. Juni 1922	1	SCHLANGE	21. Jan. 1924	1	FEUERSTELLE
15. Juni 1922	1	FEUERSTEIN	3. Feb. 1924	1	EULE
28. Juni 1922	1	WASCHBÄR	16. Feb. 1924	1	FLUSS
11. Juli 1922	1	DRACHE	29. Feb. 1924	1	WIRBELWIND
24. Juli 1922	1	REIHER	13. März 1924	1	ADLER
6. Aug. 1922	1	WOLF	26. März 1924	1	HASE
19. Aug. 1922	1	FEUERSTELLE	8. April 1924	1	SCHILDKRÖTE
1. Sept. 1922	1	EULE	21. April 1924	1	PUMA
14. Sept. 1922	1	FLUSS	4. Mai 1924	1	HIRSCH
27. Sept. 1922	1	WIRBELWIND	17. Mai 1924	1	BLUME
10. Okt. 1922	1	ADLER	30. Mai 1924	1	SCHILFROHR
23. Okt. 1922	1	HASE	12. Juni 1924	1	ZWILLINGE
5. Nov. 1922	1	SCHILDKRÖTE	25. Juni 1924	1	KARDINALSVOGEL
18. Nov. 1922	1	PUMA	8. Juli 1924	1	KLAPPERSCHLAN-
1. Dez. 1922	1	HIRSCH			GENZAHN
14. Dez. 1922	1	BLUME	21. Juli 1924	1	SCHLANGE
27. Dez. 1922	1	SCHILFROHR	3. Aug. 1924	1	FEUERSTEIN
			16. Aug. 1924	1	WASCHBÄR
9. Jan. **1923**	1	ZWILLINGE	29. Aug. 1924	1	DRACHE
22. Jan. 1923	1	KARDINALSVOGEL	11. Sept. 1924	1	REIHER
4. Feb. 1923	1	KLAPPERSCHLAN-	24. Sept. 1924	1	WOLF
		GENZAHN	7. Okt. 1924	1	FEUERSTELLE
17. Feb. 1923	1	SCHLANGE	20. Okt. 1924	1	EULE
2. März 1923	1	FEUERSTEIN	2. Nov. 1924	1	FLUSS
15. März 1923	1	WASCHBÄR	15. Nov. 1924	1	WIRBELWIND
28. März 1923	1	DRACHE	28. Nov. 1924	1	ADLER
10. April 1923	1	REIHER	11. Dez. 1924	1	HASE
23. April 1923	1	WOLF	24. Dez. 1924	1	SCHILDKRÖTE
6. Mai 1923	1	FEUERSTELLE			
19. Mai 1923	1	EULE	6. Jan. **1925**	1	PUMA
1. Juni 1923	1	FLUSS	19. Jan. 1925	1	HIRSCH
14. Juni 1923	1	WIRBELWIND	1. Feb. 1925	1	BLUME
27. Juni 1923	1	ADLER	14. Feb. 1925	1	SCHILFROHR
10. Juli 1923	1	HASE	27. Feb. 1925	1	ZWILLINGE
23. Juli 1923	1	SCHILDKRÖTE	12. März 1925	1	KARDINALSVOGEL
5. Aug. 1923	1	PUMA	25. März 1925	1	KLAPPERSCHLAN-
18. Aug. 1923	1	HIRSCH			GENZAHN
31. Aug. 1923	1	BLUME	7. April 1925	1	SCHLANGE
13. Sept. 1923	1	SCHILFROHR	20. April 1925	1	FEUERSTEIN
26. Sept. 1923	1	ZWILLINGE	3. Mai 1925	1	WASCHBÄR
9. Okt. 1923	1	KARDINALSVOGEL	16. Mai 1925	1	DRACHE
22. Okt. 1923	1	KLAPPERSCHLAN-	29. Mai 1925	1	REIHER
		GENZAHN	11. Juni 1925	1	WOLF

24. Juni	1925	1 FEUERSTELLE	12. Feb.	1927	1 SCHILDKRÖTE
7. Juli	1925	1 EULE	25. Feb.	1927	1 PUMA
20. Juli	1925	1 FLUSS	10. März	1927	1 HIRSCH
2. Aug.	1925	1 WIRBELWIND	23. März	1927	1 BLUME
15. Aug.	1925	1 ADLER	5. April	1927	1 SCHILFROHR
28. Aug.	1925	1 HASE	18. April	1927	1 ZWILLINGE
10. Sept.	1925	1 SCHILDKRÖTE	1. Mai	1927	1 KARDINALSVOGEL
23. Sept.	1925	1 PUMA	14. Mai	1927	1 KLAPPERSCHLAN-
6. Okt.	1925	1 HIRSCH			GENZAHN
19. Okt.	1925	1 BLUME	27. Mai	1927	1 SCHLANGE
1. Nov.	1925	1 SCHILFROHR	9. Juni	1927	1 FEUERSTEIN
14. Nov.	1925	1 ZWILLINGE	22. Juni	1927	1 WASCHBÄR
27. Nov.	1925	1 KARDINALSVOGEL	5. Juli	1927	1 DRACHE
10. Dez.	1925	1 KLAPPERSCHLAN-	18. Juli	1927	1 REIHER
		GENZAHN	31. Juli	1927	1 WOLF
23. Dez.	1925	1 SCHLANGE	13. Aug.	1927	1 FEUERSTELLE
			26. Aug.	1927	1 EULE
5. Jan.	**1926**	1 FEUERSTEIN	8. Sept.	1927	1 FLUSS
18. Jan.	1926	1 WASCHBÄR	21. Sept.	1927	1 WIRBELWIND
31. Jan.	1926	1 DRACHE	4. Okt.	1927	1 ADLER
13. Feb.	1926	1 REIHER	17. Okt.	1927	1 HASE
26. Feb.	1926	1 WOLF	30. Okt.	1927	1 SCHILDKRÖTE
11. März	1926	1 FEUERSTELLE	12. Nov.	1927	1 PUMA
24. März	1926	1 EULE	25. Nov.	1927	1 HIRSCH
6. April	1926	1 FLUSS	8. Dez.	1927	1 BLUME
29. April	1926	1 WIRBELWIND	21. Dez.	1927	1 SCHILFROHR
2. Mai	1926	1 ADLER			
15. Mai	1926	1 HASE	3. Jan.	**1928**	1 ZWILLINGE
28. Mai	1926	1 SCHILDKRÖTE	16. Jan.	1928	1 KARDINALSVOGEL
10. Juni	1926	1 PUMA	29. Jan.	1928	1 KLAPPERSCHLAN-
23. Juni	1926	1 HIRSCH			GENZAHN
6. Juli	1926	1 BLUME	11. Feb.	1928	1 SCHLANGE
19. Juli	1926	1 SCHILFROHR	24. Feb.	1928	1 FEUERSTEIN
1. Aug.	1926	1 ZWILLINGE	8. März	1928	1 WASCHBÄR
14. Aug.	1926	1 KARDINALSVOGEL	21. März	1928	1 DRACHE
27. Aug.	1926	1 KLAPPERSCHLAN-	3. April	1928	1 REIHER
		GENZAHN	16. April	1928	1 WOLF
9. Sept.	1926	1 SCHLANGE	29. April	1928	1 FEUERSTELLE
22. Sept.	1926	1 FEUERSTEIN	12. Mai	1928	1 EULE
5. Okt.	1926	1 WASCHBÄR	25. Mai	1928	1 FLUSS
18. Okt.	1926	1 DRACHE	7. Juni	1928	1 WIRBELWIND
31. Okt.	1926	1 REIHER	20. Juni	1928	1 ADLER
13. Nov.	1926	1 WOLF	3. Juli	1928	1 HASE
26. Nov.	1926	1 FEUERSTELLE	16. Juli	1928	1 SCHILDKRÖTE
9. Dez.	1926	1 EULE	29. Juli	1928	1 PUMA
22. Dez.	1926	1 FLUSS	11. Aug.	1928	1 HIRSCH
			24. Aug.	1928	1 BLUME
4. Jan.	**1927**	1 WIRBELWIND	6. Sept.	1928	1 SCHILFROHR
17. Jan.	1927	1 ADLER	19. Sept.	1928	1 ZWILLINGE
30. Jan.	1927	1 HASE	2. Okt.	1928	1 KARDINALSVOGEL

15. Okt.	1928	1	KLAPPERSCHLAN-GENZAHN
28. Okt.	1928	1	SCHLANGE
10. Nov.	1928	1	FEUERSTEIN
23. Nov.	1928	1	WASCHBÄR
6. Dez.	1928	1	DRACHE
19. Dez.	1928	1	REIHER
1. Jan.	**1929**	1	WOLF
14. Jan.	1929	1	FEUERSTELLE
27. Jan.	1929	1	EULE
9. Feb.	1929	1	FLUSS
22. Feb.	1929	1	WIRBELWIND
7. März	1929	1	ADLER
20. März	1929	1	HASE
2. April	1929	1	SCHILDKRÖTE
15. April	1929	1	PUMA
28. April	1929	1	HIRSCH
11. Mai	1929	1	BLUME
24. Mai	1929	1	SCHILFROHR
6. Juni	1929	1	ZWILLINGE
19. Juni	1929	1	KARDINALSVOGEL
2. Juli	1929	1	KLAPPERSCHLAN-GENZAHN
15. Juli	1929	1	SCHLANGE
28. Juli	1929	1	FEUERSTEIN
10. Aug.	1929	1	WASCHBÄR
23. Aug.	1929	1	DRACHE
5. Sept.	1929	1	REIHER
18. Sept.	1929	1	WOLF
1. Okt.	1929	1	FEUERSTELLE
14. Okt.	1929	1	EULE
27. Okt.	1929	1	FLUSS
9. Nov.	1929	1	WIRBELWIND
22. Nov.	1929	1	ADLER
5. Dez.	1929	1	HASE
18. Dez.	1929	1	SCHILDKRÖTE
31. Dez.	1929	1	PUMA
13. Jan.	**1930**	1	HIRSCH
26. Jan.	1930	1	BLUME
8. Feb.	1930	1	SCHILFROHR
21. Feb.	1930	1	ZWILLINGE
6. März	1930	1	KARDINALSVOGEL
19. März	1930	1	KLAPPERSCHLAN-GENZAHN
1. April	1930	1	SCHLANGE
14. April	1930	1	FEUERSTEIN
27. April	1930	1	WASCHBÄR
10. Mai	1930	1	DRACHE
23. Mai	1930	1	REIHER
5. Juni	1930	1	WOLF
18. Juni	1930	1	FEUERSTELLE
1. Juli	1930	1	EULE
14. Juli	1930	1	FLUSS
27. Juli	1930	1	WIRBELWIND
9. Aug.	1930	1	ADLER
22. Aug.	1930	1	HASE
4. Sept.	1930	1	SCHILDKRÖTE
17. Sept.	1930	1	PUMA
30. Sept.	1930	1	HIRSCH
13. Okt.	1930	1	BLUME
26. Okt.	1930	1	SCHILFROHR
8. Nov.	1930	1	ZWILLINGE
21. Nov.	1930	1	KARDINALSVOGEL
4. Dez.	1930	1	KLAPPERSCHLAN-GENZAHN
17. Dez.	1930	1	SCHLANGE
30. Dez.	1930	1	FEUERSTEIN
12. Jan.	**1931**	1	WASCHBÄR
25. Jan.	1931	1	DRACHE
7. Feb.	1931	1	REIHER
20. Feb.	1931	1	WOLF
5. März	1931	1	FEUERSTELLE
18. März	1931	1	EULE
31. März	1931	1	FLUSS
13. April	1931	1	WIRBELWIND
26. April	1931	1	ADLER
9. Mai	1931	1	HASE
22. Mai	1931	1	SCHILDKRÖTE
4. Juni	1931	1	PUMA
17. Juni	1931	1	HIRSCH
30. Juni	1931	1	BLUME
13. Juli	1931	1	SCHILFROHR
26. Juli	1931	1	ZWILLINGE
8. Aug.	1931	1	KARDINALSVOGEL
21. Aug.	1931	1	KLAPPERSCHLAN-GENZAHN
3. Sept.	1931	1	SCHLANGE
16. Sept.	1931	1	FEUERSTEIN
29. Sept.	1931	1	WASCHBÄR
12. Okt.	1931	1	DRACHE
25. Okt.	1931	1	REIHER
7. Nov.	1931	1	WOLF
20. Nov.	1931	1	FEUERSTELLE
3. Dez.	1931	1	EULE
16. Dez.	1931	1	FLUSS
29. Dez.	1931	1	WIRBELWIND

11. Jan.	**1932**	1	ADLER
24. Jan.	1932	1	HASE
6. Feb.	1932	1	SCHILDKRÖTE
19. Feb.	1932	1	PUMA
3. März	1932	1	HIRSCH
16. März	1932	1	BLUME
29. März	1932	1	SCHILFROHR
11. April	1932	1	ZWILLINGE
24. April	1932	1	KARDINALSVOGEL
7. Mai	1932	1	KLAPPERSCHLAN-GENZAHN
20. Mai	1932	1	SCHLANGE
2. Juni	1932	1	FEUERSTEIN
15. Juni	1932	1	WASCHBÄR
28. Juni	1932	1	DRACHE
11. Juli	1932	1	REIHER
24. Juli	1932	1	WOLF
6. Aug.	1932	1	FEUERSTELLE
19. Aug.	1932	1	EULE
1. Sept.	1932	1	FLUSS
14. Sept.	1932	1	WIRBELWIND
27. Sept.	1932	1	ADLER
10. Okt.	1932	1	HASE
23. Okt.	1932	1	SCHILDKRÖTE
5. Nov.	1932	1	PUMA
18. Nov.	1932	1	HIRSCH
1. Dez.	1932	1	BLUME
14. Dez.	1932	1	SCHILFROHR
27. Dez.	1932	1	ZWILLINGE
9. Jan.	**1933**	1	KARDINALSVOGEL
22. Jan.	1933	1	KLAPPERSCHLAN-GENZAHN
4. Feb.	1933	1	SCHLANGE
17. Feb.	1933	1	FEUERSTEIN
2. März	1933	1	WASCHBÄR
15. März	1933	1	DRACHE
28. März	1933	1	REIHER
10. April	1933	1	WOLF
23. April	1933	1	FEUERSTELLE
6. Mai	1933	1	EULE
19. Mai	1933	1	FLUSS
1. Juni	1933	1	WIRBELWIND
14. Juni	1933	1	ADLER
27. Juni	1933	1	HASE
10. Juli	1933	1	SCHILDKRÖTE
23. Juli	1933	1	PUMA
5. Aug.	1933	1	HIRSCH
18. Aug.	1933	1	BLUME
31. Aug.	1933	1	SCHILFROHR

13. Sept.	1933	1	ZWILLINGE
26. Sept.	1933	1	KARDINALSVOGEL
9. Okt.	1933	1	KLAPPERSCHLAN-GENZAHN
22. Okt.	1933	1	SCHLANGE
4. Nov.	1933	1	FEUERSTEIN
17. Nov.	1933	1	WASCHBÄR
30. Nov.	1933	1	DRACHE
13. Dez.	1933	1	REIHER
26. Dez.	1933	1	WOLF
8. Jan.	**1934**	1	FEUERSTELLE
21. Jan.	1934	1	EULE
3. Feb.	1934	1	FLUSS
16. Feb.	1934	1	WIRBELWIND
1. März	1934	1	ADLER
14. März	1934	1	HASE
27. März	1934	1	SCHILDKRÖTE
9. April	1934	1	PUMA
22. April	1934	1	HIRSCH
5. Mai	1934	1	BLUME
18. Mai	1934	1	SCHILFROHR
31. Mai	1934	1	ZWILLINGE
13. Juni	1934	1	KARDINALSVOGEL
26. Juni	1934	1	KLAPPERSCHLAN-GENZAHN
9. Juli	1934	1	SCHLANGE
22. Juli	1934	1	FEUERSTEIN
4. Aug.	1934	1	WASCHBÄR
17. Aug.	1934	1	DRACHE
30. Aug.	1934	1	REIHER
12. Sept.	1934	1	WOLF
25. Sept.	1934	1	FEUERSTELLE
8. Okt.	1934	1	EULE
21. Okt.	1934	1	FLUSS
3. Nov.	1934	1	WIRBELWIND
16. Nov.	1934	1	ADLER
29. Nov.	1934	1	HASE
12. Dez.	1934	1	SCHILDKRÖTE
25. Dez.	1934	1	PUMA
7. Jan.	**1935**	1	HIRSCH
20. Jan.	1935	1	BLUME
2. Feb.	1935	1	SCHILFROHR
15. Feb.	1935	1	ZWILLINGE
28. Feb.	1935	1	KARDINALSVOGEL
13. März	1935	1	KLAPPERSCHLAN-GENZAHN
26. März	1935	1	SCHLANGE
8. April	1935	1	FEUERSTEIN

21. April 1935	1	WASCHBÄR		9. Dez. 1936	1	FLUSS
4. Mai 1935	1	DRACHE		22. Dez. 1936	1	WIRBELWIND
17. Mai 1935	1	REIHER				
30. Mai 1935	1	WOLF		4. Jan. **1937**	1	ADLER
12. Juni 1935	1	FEUERSTELLE		17. Jan. 1937	1	HASE
25. Juni 1935	1	EULE		30. Jan. 1937	1	SCHILDKRÖTE
8. Juli 1935	1	FLUSS		12. Feb. 1937	1	PUMA
21. Juli 1935	1	WIRBELWIND		25. Feb. 1937	1	HIRSCH
3. Aug. 1935	1	ADLER		10. März 1937	1	BLUME
16. Aug. 1935	1	HASE		23. März 1937	1	SCHILFROHR
29. Aug. 1935	1	SCHILDKRÖTE		5. April 1937	1	ZWILLINGE
11. Sept. 1935	1	PUMA		18. April 1937	1	KARDINALSVOGEL
24. Sept. 1935	1	HIRSCH		1. Mai 1937	1	KLAPPERSCHLAN-
7. Okt. 1935	1	BLUME				GENZAHN
20. Okt. 1935	1	SCHILFROHR		14. Mai 1937	1	SCHLANGE
2. Nov. 1935	1	ZWILLINGE		27. Mai 1937	1	FEUERSTEIN
15. Nov. 1935	1	KARDINALSVOGEL		9. Juni 1937	1	WASCHBÄR
28. Nov. 1935	1	KLAPPERSCHLAN-		22. Juni 1937	1	DRACHE
		GENZAHN		5. Juli 1937	1	REIHER
11. Dez. 1935	1	SCHLANGE		18. Juli 1937	1	WOLF
24. Dez. 1935	1	FEUERSTEIN		31. Juli 1937	1	FEUERSTELLE
				13. Aug. 1937	1	EULE
6. Jan. **1936**	1	WASCHBÄR		26. Aug. 1937	1	FLUSS
19. Jan. 1936	1	DRACHE		8. Sept. 1937	1	WIRBELWIND
1. Feb. 1936	1	REIHER		21. Sept. 1937	1	ADLER
14. Feb. 1936	1	WOLF		4. Okt. 1937	1	HASE
27. Feb. 1936	1	FEUERSTELLE		17. Okt. 1937	1	SCHILDKRÖTE
11. März 1936	1	EULE		30. Okt. 1937	1	PUMA
24. März 1936	1	FLUSS		12. Nov. 1937	1	HIRSCH
6. April 1936	1	WIRBELWIND		25. Nov. 1937	1	BLUME
19. April 1936	1	ADLER		8. Dez. 1937	1	SCHILFROHR
2. Mai 1936	1	HASE		21. Dez. 1937	1	ZWILLINGE
15. Mai 1936	1	SCHILDKRÖTE				
28. Mai 1936	1	PUMA		3. Jan. **1938**	1	KARDINALSVOGEL
10. Juni 1936	1	HIRSCH		16. Jan. 1938	1	KLAPPERSCHLAN-
23. Juni 1936	1	BLUME				GENZAHN
6. Juli 1936	1	SCHILFROHR		29. Jan. 1938	1	SCHLANGE
19. Juli 1936	1	ZWILLINGE		11. Feb. 1938	1	FEUERSTEIN
1. Aug. 1936	1	KARDINALSVOGEL		24. Feb. 1938	1	WASCHBÄR
14. Aug. 1936	1	KLAPPERSCHLAN-		9. März 1938	1	DRACHE
		GENZAHN		22. März 1938	1	REIHER
27. Aug. 1936	1	SCHLANGE		4. April 1938	1	WOLF
9. Sept. 1936	1	FEUERSTEIN		17. April 1938	1	FEUERSTELLE
22. Sept. 1936	1	WASCHBÄR		30. April 1938	1	EULE
5. Okt. 1936	1	DRACHE		13. Mai 1938	1	FLUSS
18. Okt. 1936	1	REIHER		26. Mai 1938	1	WIRBELWIND
31. Okt. 1936	1	WOLF		8. Juni 1938	1	ADLER
13. Nov. 1936	1	FEUERSTELLE		21. Juni 1938	1	HASE
26. Nov. 1936	1	EULE		4. Juli 1938	1	SCHILDKRÖTE
				17. Juli 1938	1	PUMA

30. Juli	1938	1 HIRSCH
12. Aug.	1938	1 BLUME
25. Aug.	1938	1 SCHILFROHR
7. Sept.	1938	1 ZWILLINGE
20. Sept.	1938	1 KARDINALSVOGEL
3. Okt.	1938	1 KLAPPERSCHLAN-GENZAHN
16. Okt.	1938	1 SCHLANGE
29. Okt.	1938	1 FEUERSTEIN
11. Nov.	1938	1 WASCHBÄR
24. Nov.	1938	1 DRACHE
7. Dez.	1938	1 REIHER
20. Dez.	1938	1 WOLF
2. Jan.	**1939**	1 FEUERSTELLE
15. Jan.	1939	1 EULE
28. Jan.	1939	1 FLUSS
10. Feb.	1939	1 WIRBELWIND
23. Feb.	1939	1 ADLER
8. März	1939	1 HASE
21. März	1939	1 SCHILDKRÖTE
3. April	1939	1 PUMA
16. April	1939	1 HIRSCH
29. April	1939	1 BLUME
12. Mai	1939	1 SCHILFROHR
25. Mai	1939	1 ZWILLINGE
7. Juni	1939	1 KARDINALSVOGEL
20. Juni	1939	1 KLAPPERSCHLAN-GENZAHN
3. Juli	1939	1 SCHLANGE
16. Juli	1939	1 FEUERSTEIN
29. Juli	1939	1 WASCHBÄR
11. Aug.	1939	1 DRACHE
24. Aug.	1939	1 REIHER
6. Sept.	1939	1 WOLF
19. Sept.	1939	1 FEUERSTELLE
2. Okt.	1939	1 EULE
15. Okt.	1939	1 FLUSS
28. Okt.	1939	1 WIRBELWIND
10. Nov.	1939	1 ADLER
23. Nov.	1939	1 HASE
6. Dez.	1939	1 SCHILDKRÖTE
19. Dez.	1939	1 PUMA
1. Jan.	**1940**	1 HIRSCH
14. Jan.	1940	1 BLUME
27. Jan.	1940	1 SCHILFROHR
9. Feb.	1940	1 ZWILLINGE
22. Feb.	1940	1 KARDINALSVOGEL

6. März	1940	1 KLAPPERSCHLAN-GENZAHN
19. März	1940	1 SCHLANGE
1. April	1940	1 FEUERSTEIN
14. April	1940	1 WASCHBÄR
27. April	1940	1 DRACHE
10. Mai	1940	1 REIHER
23. Mai	1940	1 WOLF
5. Juni	1940	1 FEUERSTELLE
18. Juni	1940	1 EULE
1. Juli	1940	1 FLUSS
14. Juli	1940	1 WIRBELWIND
27. Juli	1940	1 ADLER
9. Aug.	1940	1 HASE
22. Aug.	1940	1 SCHILDKRÖTE
4. Sept.	1940	1 PUMA
17. Sept.	1940	1 HIRSCH
30. Sept.	1940	1 BLUME
13. Okt.	1940	1 SCHILFROHR
26. Okt.	1940	1 ZWILLINGE
8. Nov.	1940	1 KARDINALSVOGEL
21. Nov.	1940	1 KLAPPERSCHLAN-GENZAHN
4. Dez.	1940	1 SCHLANGE
17. Dez.	1940	1 FEUERSTEIN
30. Dez.	1940	1 WASCHBÄR
12. Jan.	**1941**	1 DRACHE
25. Jan.	1941	1 REIHER
7. Feb.	1941	1 WOLF
20. Feb.	1941	1 FEUERSTELLE
5. März	1941	1 EULE
18. März	1941	1 FLUSS
31. März	1941	1 WIRBELWIND
13. April	1941	1 ADLER
26. April	1941	1 HASE
9. Mai	1941	1 SCHILDKRÖTE
22. Mai	1941	1 PUMA
4. Juni	1941	1 HIRSCH
17. Juni	1941	1 BLUME
30. Juni	1941	1 SCHILFROHR
13. Juli	1941	1 ZWILLINGE
26. Juli	1941	1 KARDINALSVOGEL
8. Aug.	1941	1 KLAPPERSCHLAN-GENZAHN
21. Aug.	1941	1 SCHLANGE
3. Sept.	1941	1 FEUERSTEIN
16. Sept.	1941	1 WASCHBÄR
29. Sept.	1941	1 DRACHE
12. Okt.	1941	1 REIHER

25. Okt.	1941	1 WOLF
7. Nov.	1941	1 FEUERSTELLE
20. Nov.	1941	1 EULE
3. Dez.	1941	1 FLUSS
16. Dez.	1941	1 WIRBELWIND
29. Dez.	1941	1 ADLER
11. Jan.	**1942**	1 HASE
24. Jan.	1942	1 SCHILDKRÖTE
6. Feb.	1942	1 PUMA
19. Feb.	1942	1 HIRSCH
4. März	1942	1 BLUME
17. März	1942	1 SCHILFROHR
30. März	1942	1 ZWILLINGE
12. April	1942	1 KARDINALSVOGEL
25. April	1942	1 KLAPPERSCHLAN-GENZAHN
8. Mai	1942	1 SCHLANGE
21. Mai	1942	1 FEUERSTEIN
3. Juni	1942	1 WASCHBÄR
16. Juni	1942	1 DRACHE
29. Juni	1942	1 REIHER
12. Juli	1942	1 WOLF
25. Juli	1942	1 FEUERSTELLE
7. Aug.	1942	1 EULE
20. Aug.	1942	1 FLUSS
2. Sept.	1942	1 WIRBELWIND
15. Sept.	1942	1 ADLER
28. Sept.	1942	1 HASE
11. Okt.	1942	1 SCHILDKRÖTE
24. Okt.	1942	1 PUMA
6. Nov.	1942	1 HIRSCH
19. Nov.	1942	1 BLUME
2. Dez.	1942	1 SCHILFROHR
15. Dez.	1942	1 ZWILLINGE
28. Dez.	1942	1 KARDINALSVOGEL
10. Jan.	**1943**	1 KLAPPERSCHLAN-GENZAHN
23. Jan.	1943	1 SCHLANGE
5. Feb.	1943	1 FEUERSTEIN
18. Feb.	1943	1 WASCHBÄR
3. März	1943	1 DRACHE
16. März	1943	1 REIHER
29. März	1943	1 WOLF
11. April	1943	1 FEUERSTELLE
24. April	1943	1 EULE
7. Mai	1943	1 FLUSS
20. Mai	1943	1 WIRBELWIND
2. Juni	1943	1 ADLER
15. Juni	1943	1 HASE
28. Juni	1943	1 SCHILDKRÖTE
11. Juli	1943	1 PUMA
24. Juli	1943	1 HIRSCH
6. Aug.	1943	1 BLUME
19. Aug.	1943	1 SCHILFROHR
1. Sept.	1943	1 ZWILLINGE
14. Sept.	1943	1 KARDINALSVOGEL
27. Sept.	1943	1 KLAPPERSCHLAN-GENZAHN
10. Okt.	1943	1 SCHLANGE
23. Okt.	1943	1 FEUERSTEIN
5. Nov.	1943	1 WASCHBÄR
18. Nov.	1943	1 DRACHE
1. Dez.	1943	1 REIHER
14. Dez.	1943	1 WOLF
27. Dez.	1943	1 FEUERSTELLE
9. Jan.	**1944**	1 EULE
22. Jan.	1944	1 FLUSS
4. Feb.	1944	1 WIRBELWIND
17. Feb.	1944	1 ADLER
1. März	1944	1 HASE
14. März	1944	1 SCHILDKRÖTE
27. März	1944	1 PUMA
9. April	1944	1 HIRSCH
22. April	1944	1 BLUME
5. Mai	1944	1 SCHILFROHR
18. Mai	1944	1 ZWILLINGE
31. Mai	1944	1 KARDINALSVOGEL
13. Juni	1944	1 KLAPPERSCHLAN-GENZAHN
26. Juni	1944	1 SCHLANGE
9. Juli	1944	1 FEUERSTEIN
22. Juli	1944	1 WASCHBÄR
4. Aug.	1944	1 DRACHE
17. Aug.	1944	1 REIHER
30. Aug.	1944	1 WOLF
12. Sept.	1944	1 FEUERSTELLE
25. Sept.	1944	1 EULE
8. Okt.	1944	1 FLUSS
21. Okt.	1944	1 WIRBELWIND
3. Nov.	1944	1 ADLER
16. Nov.	1944	1 HASE
29. Nov.	1944	1 SCHILDKRÖTE
12. Dez.	1944	1 PUMA
25. Dez.	1944	1 HIRSCH
7. Jan.	**1945**	1 BLUME
20. Jan.	1945	1 SCHILFROHR

2. Feb.	1945	1	ZWILLINGE	23. Sept.	1946	1	DRACHE
15. Feb.	1945	1	KARDINALSVOGEL	6. Okt.	1946	1	REIHER
28. Feb.	1945	1	KLAPPERSCHLAN-GENZAHN	19. Okt.	1946	1	WOLF
				1. Nov.	1946	1	FEUERSTELLE
13. März	1945	1	SCHLANGE	14. Nov.	1946	1	EULE
26. März	1945	1	FEUERSTEIN	27. Nov.	1946	1	FLUSS
8. April	1945	1	WASCHBÄR	10. Dez.	1946	1	WIRBELWIND
21. April	1945	1	DRACHE	23. Dez.	1946	1	ADLER
4. Mai	1945	1	REIHER				
17. Mai	1945	1	WOLF	5. Jan.	**1947**	1	HASE
30. Mai	1945	1	FEUERSTELLE	18. Jan.	1947	1	SCHILDKRÖTE
12. Juni	1945	1	EULE	31. Jan.	1947	1	PUMA
25. Juni	1945	1	FLUSS	13. Feb.	1947	1	HIRSCH
8. Juli	1945	1	WIRBELWIND	26. Feb.	1947	1	BLUME
21. Juli	1945	1	ADLER	11. März	1947	1	SCHILFROHR
3. Aug.	1945	1	HASE	24. März	1947	1	ZWILLINGE
16. Aug.	1945	1	SCHILDKRÖTE	6. April	1947	1	KARDINALSVOGEL
29. Aug.	1945	1	PUMA	19. April	1947	1	KLAPPERSCHLAN-GENZAHN
11. Sept.	1945	1	HIRSCH				
24. Sept.	1945	1	BLUME	2. Mai	1947	1	SCHLANGE
7. Okt.	1945	1	SCHILFROHR	15. Mai	1947	1	FEUERSTEIN
20. Okt.	1945	1	ZWILLINGE	28. Mai	1947	1	WASCHBÄR
2. Nov.	1945	1	KARDINALSVOGEL	10. Juni	1947	1	DRACHE
15. Nov.	1945	1	KLAPPERSCHLAN-GENZAHN	23. Juni	1947	1	REIHER
				6. Juli	1947	1	WOLF
28. Nov.	1945	1	SCHLANGE	19. Juli	1947	1	FEUERSTELLE
11. Dez.	1945	1	FEUERSTEIN	1. Aug.	1947	1	EULE
24. Dez.	1945	1	WASCHBÄR	14. Aug.	1947	1	FLUSS
				27. Aug.	1947	1	WIRBELWIND
6. Jan.	**1946**	1	DRACHE	9. Sept.	1947	1	ADLER
19. Jan.	1946	1	REIHER	22. Sept.	1947	1	HASE
1. Feb.	1946	1	WOLF	5. Okt.	1947	1	SCHILDKRÖTE
14. Feb.	1946	1	FEUERSTELLE	18. Okt.	1947	1	PUMA
27. Feb.	1946	1	EULE	31. Okt.	1947	1	HIRSCH
12. März	1946	1	FLUSS	13. Nov.	1947	1	BLUME
25. März	1946	1	WIRBELWIND	26. Nov.	1947	1	SCHILFROHR
7. April	1946	1	ADLER	9. Dez.	1947	1	ZWILLINGE
20. April	1946	1	HASE	22. Dez.	1947	1	KARDINALSVOGEL
3. Mai	1946	1	SCHILDKRÖTE				
16. Mai	1946	1	PUMA	4. Jan.	**1948**	1	KLAPPERSCHLAN-GENZAHN
29. Mai	1946	1	HIRSCH	17. Jan.	1948	1	SCHLANGE
11. Juni	1946	1	BLUME	30. Jan.	1948	1	FEUERSTEIN
24. Juni	1946	1	SCHILFROHR	12. Feb.	1948	1	WASCHBÄR
7. Juli	1946	1	ZWILLINGE	25. Feb.	1948	1	DRACHE
20. Juli	1946	1	KARDINALSVOGEL	9. März	1948	1	REIHER
2. Aug.	1946	1	KLAPPERSCHLAN-GENZAHN	22. März	1948	1	WOLF
				4. April	1948	1	FEUERSTELLE
15. Aug.	1946	1	SCHLANGE	17. April	1948	1	EULE
28. Aug.	1946	1	FEUERSTEIN	30. April	1948	1	FLUSS
10. Sept.	1946	1	WASCHBÄR				

13. Mai	1948	1	WIRBELWIND
26. Mai	1948	1	ADLER
8. Juni	1948	1	HASE
21. Juni	1948	1	SCHILDKRÖTE
4. Juli	1948	1	PUMA
17. Juli	1948	1	HIRSCH
30. Juli	1948	1	BLUME
12. Aug.	1948	1	SCHILFROHR
25. Aug.	1948	1	ZWILLINGE
7. Sept.	1948	1	KARDINALSVOGEL
20. Sept.	1948	1	KLAPPERSCHLAN-GENZAHN
3. Okt.	1948	1	SCHLANGE
16. Okt.	1948	1	FEUERSTEIN
29. Okt.	1948	1	WASCHBÄR
11. Nov.	1948	1	DRACHE
24. Nov.	1948	1	REIHER
7. Dez.	1948	1	WOLF
20. Dez.	1948	1	FEUERSTELLE
2. Jan.	**1949**	1	EULE
15. Jan.	1949	1	FLUSS
28. Jan.	1949	1	WIRBELWIND
10. Feb.	1949	1	ADLER
23. Feb.	1949	1	HASE
8. März	1949	1	SCHILDKRÖTE
21. März	1949	1	PUMA
3. April	1949	1	HIRSCH
16. April	1949	1	BLUME
29. April	1949	1	SCHILFROHR
12. Mai	1949	1	ZWILLINGE
25. Mai	1949	1	KARDINALSVOGEL
7. Juni	1949	1	KLAPPERSCHLAN-GENZAHN
20. Juni	1949	1	SCHLANGE
3. Juli	1949	1	FEUERSTEIN
16. Juli	1949	1	WASCHBÄR
29. Juli	1949	1	DRACHE
11. Aug.	1949	1	REIHER
24. Aug.	1949	1	WOLF
6. Sept.	1949	1	FEUERSTELLE
19. Sept.	1949	1	EULE
2. Okt.	1949	1	FLUSS
15. Okt.	1949	1	WIRBELWIND
28. Okt.	1949	1	ADLER
10. Nov.	1949	1	HASE
23. Nov.	1949	1	SCHILDKRÖTE
6. Dez.	1949	1	PUMA
19. Dez.	1949	1	HIRSCH

1. Jan.	**1950**	1	BLUME
14. Jan.	1950	1	SCHILFROHR
27. Jan.	1950	1	ZWILLINGE
9. Feb.	1950	1	KARDINALSVOGEL
22. Feb.	1950	1	KLAPPERSCHLAN-GENZAHN
7. März	1950	1	SCHLANGE
20. März	1950	1	FEUERSTEIN
2. April	1950	1	WASCHBÄR
15. April	1950	1	DRACHE
28. April	1950	1	REIHER
11. Mai	1950	1	WOLF
24. Mai	1950	1	FEUERSTELLE
6. Juni	1950	1	EULE
19. Juni	1950	1	FLUSS
2. Juli	1950	1	WIRBELWIND
15. Juli	1950	1	ADLER
28. Juli	1950	1	HASE
10. Aug.	1950	1	SCHILDKRÖTE
23. Aug.	1950	1	PUMA
5. Sept.	1950	1	HIRSCH
18. Sept.	1950	1	BLUME
1. Okt.	1950	1	SCHILFROHR
14. Okt.	1950	1	ZWILLINGE
27. Okt.	1950	1	KARDINALSVOGEL
9. Nov.	1950	1	KLAPPERSCHLAN-GENZAHN
22. Nov.	1950	1	SCHLANGE
5. Dez.	1950	1	FEUERSTEIN
18. Dez.	1950	1	WASCHBÄR
31. Dez.	1950	1	DRACHE
13. Jan.	**1951**	1	REIHER
26. Jan.	1951	1	WOLF
8. Feb.	1951	1	FEUERSTELLE
21. Feb.	1951	1	EULE
6. März	1951	1	FLUSS
19. März	1951	1	WIRBELWIND
1. April	1951	1	ADLER
14. April	1951	1	HASE
27. April	1951	1	SCHILDKRÖTE
10. Mai	1951	1	PUMA
23. Mai	1951	1	HIRSCH
5. Juni	1951	1	BLUME
18. Juni	1951	1	SCHILFROHR
1. Juli	1951	1	ZWILLINGE
14. Juli	1951	1	KARDINALSVOGEL
27. Juli	1951	1	KLAPPERSCHLAN-GENZAHN
9. Aug.	1951	1	SCHLANGE

22. Aug.	1951	1	FEUERSTEIN	11. April	1953	1	EULE
4. Sept.	1951	1	WASCHBÄR	24. April	1953	1	FLUSS
17. Sept.	1951	1	DRACHE	7. Mai	1953	1	WIRBELWIND
30. Sept.	1951	1	REIHER	20. Mai	1953	1	ADLER
13. Okt.	1951	1	WOLF	2. Juni	1953	1	HASE
26. Okt.	1951	1	FEUERSTELLE	15. Juni	1953	1	SCHILDKRÖTE
8. Nov.	1951	1	EULE	28. Juni	1953	1	PUMA
21. Nov.	1951	1	FLUSS	11. Juli	1953	1	HIRSCH
4. Dez.	1951	1	WIRBELWIND	24. Juli	1953	1	BLUME
17. Dez.	1951	1	ADLER	6. Aug.	1953	1	SCHILFROHR
30. Dez.	1951	1	HASE	19. Aug.	1953	1	ZWILLINGE
				1. Sept.	1953	1	KARDINALSVOGEL
12. Jan.	**1952**	1	SCHILDKRÖTE	14. Sept.	1953	1	KLAPPERSCHLAN-
25. Jan.	1952	1	PUMA				GENZAHN
7. Feb.	1952	1	HIRSCH	27. Sept.	1953	1	SCHLANGE
20. Feb.	1952	1	BLUME	10. Okt.	1953	1	FEUERSTEIN
4. März	1952	1	SCHILFROHR	23. Okt.	1953	1	WASCHBÄR
17. März	1952	1	ZWILLINGE	5. Nov.	1953	1	DRACHE
30. März	1952	1	KARDINALSVOGEL	18. Nov.	1953	1	REIHER
12. April	1952	1	KLAPPERSCHLAN-	1. Dez.	1953	1	WOLF
			GENZAHN	14. Dez.	1953	1	FEUERSTELLE
25. April	1952	1	SCHLANGE	27. Dez.	1953	1	EULE
8. Mai	1952	1	FEUERSTEIN				
21. Mai	1952	1	WASCHBÄR	9. Jan.	**1954**	1	FLUSS
3. Juni	1952	1	DRACHE	22. Jan.	1954	1	WIRBELWIND
16. Juni	1952	1	REIHER	4. Feb.	1954	1	ADLER
29. Juni	1952	1	WOLF	17. Feb.	1954	1	HASE
12. Juli	1952	1	FEUERSTELLE	2. März	1954	1	SCHILDKRÖTE
25. Juli	1952	1	EULE	15. März	1954	1	PUMA
7. Aug.	1952	1	FLUSS	28. März	1954	1	HIRSCH
20. Aug.	1952	1	WIRBELWIND	10. April	1954	1	BLUME
2. Sept.	1952	1	ADLER	23. April	1954	1	SCHILFROHR
15. Sept.	1952	1	HASE	6. Mai	1954	1	ZWILLINGE
28. Sept.	1952	1	SCHILDKRÖTE	19. Mai	1954	1	KARDINALSVOGEL
11. Okt.	1952	1	PUMA	1. Juni	1954	1	KLAPPERSCHLAN-
24. Okt.	1952	1	HIRSCH				GENZAHN
6. Nov.	1952	1	BLUME	14. Juni	1954	1	SCHLANGE
19. Nov.	1952	1	SCHILFROHR	27. Juni	1954	1	FEUERSTEIN
2. Dez.	1952	1	ZWILLINGE	10. Juli	1954	1	WASCHBÄR
15. Dez.	1952	1	KARDINALSVOGEL	23. Juli	1954	1	DRACHE
28. Dez.	1952	1	KLAPPERSCHLAN-	5. Aug.	1954	1	REIHER
			GENZAHN	18. Aug.	1954	1	WOLF
				31. Aug.	1954	1	FEUERSTELLE
10. Jan.	**1953**	1	SCHLANGE	13. Sept.	1954	1	EULE
23. Jan.	1953	1	FEUERSTEIN	26. Sept.	1954	1	FLUSS
5. Feb.	1953	1	WASCHBÄR	9. Okt.	1954	1	WIRBELWIND
18. Feb.	1953	1	DRACHE	22. Okt.	1954	1	ADLER
3. März	1953	1	REIHER	4. Nov.	1954	1	HASE
16. März	1953	1	WOLF	17. Nov.	1954	1	SCHILDKRÖTE
29. März	1953	1	FEUERSTELLE	30. Nov.	1954	1	PUMA

13. Dez.	1954	1	HIRSCH
26. Dez.	1954	1	BLUME
8. Jan.	**1955**	1	SCHILFROHR
21. Jan.	1955	1	ZWILLINGE
3. Feb.	1955	1	KARDINALSVOGEL
16. Feb.	1955	1	KLAPPERSCHLAN-GENZAHN
1. März	1955	1	SCHLANGE
14. März	1955	1	FEUERSTEIN
27. März	1955	1	WASCHBÄR
9. April	1955	1	DRACHE
22. April	1955	1	REIHER
5. Mai	1955	1	WOLF
18. Mai	1955	1	FEUERSTELLE
31. Mai	1955	1	EULE
13. Juni	1955	1	FLUSS
26. Juni	1955	1	WIRBELWIND
9. Juli	1955	1	ADLER
22. Juli	1955	1	HASE
4. Aug.	1955	1	SCHILDKRÖTE
17. Aug.	1955	1	PUMA
30. Aug.	1955	1	HIRSCH
12. Sept.	1955	1	BLUME
25. Sept.	1955	1	SCHILFROHR
8. Okt.	1955	1	ZWILLINGE
21. Okt.	1955	1	KARDINALSVOGEL
3. Nov.	1955	1	KLAPPERSCHLAN-GENZAHN
16. Nov.	1955	1	SCHLANGE
29. Nov.	1955	1	FEUERSTEIN
12. Dez.	1955	1	WASCHBÄR
25. Dez.	1955	1	DRACHE
7. Jan.	**1956**	1	REIHER
20. Jan.	1956	1	WOLF
2. Feb.	1956	1	FEUERSTELLE
15. Feb.	1956	1	EULE
28. Feb.	1956	1	FLUSS
12. März	1956	1	WIRBELWIND
25. März	1956	1	ADLER
7. April	1956	1	HASE
20. April	1956	1	SCHILDKRÖTE
3. Mai	1956	1	PUMA
16. Mai	1956	1	HIRSCH
29. Mai	1956	1	BLUME
11. Juni	1956	1	SCHILFROHR
24. Juni	1956	1	ZWILLINGE
7. Juli	1956	1	KARDINALSVOGEL
20. Juli	1956	1	KLAPPERSCHLAN-GENZAHN
2. Aug.	1956	1	SCHLANGE
15. Aug.	1956	1	FEUERSTEIN
28. Aug.	1956	1	WASCHBÄR
10. Sept.	1956	1	DRACHE
23. Sept.	1956	1	REIHER
6. Okt.	1956	1	WOLF
19. Okt.	1956	1	FEUERSTELLE
1. Nov.	1956	1	EULE
14. Nov.	1956	1	FLUSS
27. Nov.	1956	1	WIRBELWIND
10. Dez.	1956	1	ADLER
23. Dez.	1956	1	HASE
5. Jan.	**1957**	1	SCHILDKRÖTE
18. Jan.	1957	1	PUMA
31. Jan.	1957	1	HIRSCH
13. Feb.	1957	1	BLUME
26. Feb.	1957	1	SCHILFROHR
11. März	1957	1	ZWILLINGE
24. März	1957	1	KARDINALSVOGEL
6. April	1957	1	KLAPPERSCHLAN-GENZAHN
19. April	1957	1	SCHLANGE
2. Mai	1957	1	FEUERSTEIN
15. Mai	1957	1	WASCHBÄR
28. Mai	1957	1	DRACHE
10. Juni	1957	1	REIHER
23. Juni	1957	1	WOLF
6. Juli	1957	1	FEUERSTELLE
19. Juli	1957	1	EULE
1. Aug.	1957	1	FLUSS
14. Aug.	1957	1	WIRBELWIND
27. Aug.	1957	1	ADLER
9. Sept.	1957	1	HASE
22. Sept.	1957	1	SCHILDKRÖTE
5. Okt.	1957	1	PUMA
18. Okt.	1957	1	HIRSCH
31. Okt.	1957	1	BLUME
13. Nov.	1957	1	SCHILFROHR
26. Nov.	1957	1	ZWILLINGE
9. Dez.	1957	1	KARDINALSVOGEL
22. Dez.	1957	1	KLAPPERSCHLAN-GENZAHN
4. Jan.	**1958**	1	SCHLANGE
17. Jan.	1958	1	FEUERSTEIN
30. Jan.	1958	1	WASCHBÄR
12. Feb.	1958	1	DRACHE

25. Feb.	1958	1	REIHER	29. Okt.	1959	1	HASE
10. März	1958	1	WOLF	11. Nov.	1959	1	SCHILDKRÖTE
23. März	1958	1	FEUERSTELLE	24. Nov.	1959	1	PUMA
5. April	1958	1	EULE	7. Dez.	1959	1	HIRSCH
18. April	1958	1	FLUSS	20. Dez.	1959	1	BLUME
1. Mai	1958	1	WIRBELWIND				
14. Mai	1958	1	ADLER	2. Jan.	**1960**	1	SCHILFROHR
27. Mai	1958	1	HASE	15. Jan.	1960	1	ZWILLINGE
9. Juni	1958	1	SCHILDKRÖTE	28. Jan.	1960	1	KARDINALSVOGEL
22. Juni	1958	1	PUMA	10. Feb.	1960	1	KLAPPERSCHLAN-
5. Juli	1958	1	HIRSCH				GENZAHN
18. Juli	1958	1	BLUME	23. Feb.	1960	1	SCHLANGE
31. Juli	1958	1	SCHILFROHR	7. März	1960	1	FEUERSTEIN
13. Aug.	1958	1	ZWILLINGE	20. März	1960	1	WASCHBÄR
26. Aug.	1958	1	KARDINALSVOGEL	2. April	1960	1	DRACHE
8. Sept.	1958	1	KLAPPERSCHLAN-	15. April	1960	1	REIHER
			GENZAHN	28. April	1960	1	WOLF
21. Sept.	1958	1	SCHLANGE	11. Mai	1960	1	FEUERSTELLE
4. Okt.	1958	1	FEUERSTEIN	24. Mai	1960	1	EULE
17. Okt.	1958	1	WASCHBÄR	6. Juni	1960	1	FLUSS
30. Okt.	1958	1	DRACHE	19. Juni	1960	1	WIRBELWIND
12. Nov.	1958	1	REIHER	2. Juli	1960	1	ADLER
25. Nov.	1958	1	WOLF	15. Juli	1960	1	HASE
8. Dez.	1958	1	FEUERSTELLE	28. Juli	1960	1	SCHILDKRÖTE
21. Dez.	1958	1	EULE	10. Aug.	1960	1	PUMA
				23. Aug.	1960	1	HIRSCH
3. Jan.	**1959**	1	FLUSS	5. Sept.	1960	1	BLUME
16. Jan.	1959	1	WIRBELWIND	18. Sept.	1960	1	SCHILFROHR
29. Jan.	1959	1	ADLER	1. Okt.	1960	1	ZWILLINGE
11. Feb.	1959	1	HASE	14. Okt.	1960	1	KARDINALSVOGEL
24. Feb.	1959	1	SCHILDKRÖTE	27. Okt.	1960	1	KLAPPERSCHLAN-
9. März	1959	1	PUMA				GENZAHN
22. März	1959	1	HIRSCH	9. Nov.	1960	1	SCHLANGE
4. April	1959	1	BLUME	22. Nov.	1960	1	FEUERSTEIN
17. April	1959	1	SCHILFROHR	5. Dez.	1960	1	WASCHBÄR
30. April	1959	1	ZWILLINGE	18. Dez.	1960	1	DRACHE
13. Mai	1959	1	KARDINALSVOGEL	31. Dez.	1960	1	REIHER
26. Mai	1959	1	KLAPPERSCHLAN-				
			GENZAHN	13. Jan.	**1961**	1	WOLF
8. Juni	1959	1	SCHLANGE	26. Jan.	1961	1	FEUERSTELLE
21. Juni	1959	1	FEUERSTEIN	8. Feb.	1961	1	EULE
4. Juli	1959	1	WASCHBÄR	21. Feb.	1961	1	FLUSS
17. Juli	1959	1	DRACHE	6. März	1961	1	WIRBELWIND
30. Juli	1959	1	REIHER	19. März	1961	1	ADLER
12. Aug.	1959	1	WOLF	1. April	1961	1	HASE
25. Aug.	1959	1	FEUERSTELLE	14. April	1961	1	SCHILDKRÖTE
7. Sept.	1959	1	EULE	27. April	1961	1	PUMA
20. Sept.	1959	1	FLUSS	10. Mai	1961	1	HIRSCH
3. Okt.	1959	1	WIRBELWIND	23. Mai	1961	1	BLUME
16. Okt.	1959	1	ADLER	5. Juni	1961	1	SCHILFROHR

18. Juni	1961	1	ZWILLINGE
1. Juli	1961	1	KARDINALSVOGEL
14. Juli	1961	1	KLAPPERSCHLAN-GENZAHN
27. Juli	1961	1	SCHLANGE
9. Aug.	1961	1	FEUERSTEIN
22. Aug.	1961	1	WASCHBÄR
4. Sept.	1961	1	DRACHE
17. Sept.	1961	1	REIHER
30. Sept.	1961	1	WOLF
13. Okt.	1961	1	FEUERSTELLE
26. Okt.	1961	1	EULE
8. Nov.	1961	1	FLUSS
21. Nov.	1961	1	WIRBELWIND
4. Dez.	1961	1	ADLER
17. Dez.	1961	1	HASE
30. Dez.	1961	1	SCHILDKRÖTE
12. Jan.	**1962**	1	PUMA
25. Jan.	1962	1	HIRSCH
7. Feb.	1962	1	BLUME
20. Feb.	1962	1	SCHILFROHR
5. März	1962	1	ZWILLINGE
18. März	1962	1	KARDINALSVOGEL
31. März	1962	1	KLAPPERSCHLAN-GENZAHN
13. April	1962	1	SCHLANGE
26. April	1962	1	FEUERSTEIN
9. Mai	1962	1	WASCHBÄR
22. Mai	1962	1	DRACHE
4. Juni	1962	1	REIHER
17. Juni	1962	1	WOLF
30. Juni	1962	1	FEUERSTELLE
13. Juli	1962	1	EULE
26. Juli	1962	1	FLUSS
8. Aug.	1962	1	WIRBELWIND
21. Aug.	1962	1	ADLER
3. Sept.	1962	1	HASE
16. Sept.	1962	1	SCHILDKRÖTE
29. Sept.	1962	1	PUMA
12. Okt.	1962	1	HIRSCH
25. Okt.	1962	1	BLUME
7. Nov.	1962	1	SCHILFROHR
20. Nov.	1962	1	ZWILLINGE
3. Dez.	1962	1	KARDINALSVOGEL
16. Dez.	1962	1	KLAPPERSCHLAN-GENZAHN
29. Dez.	1962	1	SCHLANGE
11. Jan.	**1963**	1	FEUERSTEIN
24. Jan.	1963	1	WASCHBÄR
6. Feb.	1963	1	DRACHE
19. Feb.	1963	1	REIHER
4. März	1963	1	WOLF
17. März	1963	1	FEUERSTELLE
30. März	1963	1	EULE
12. April	1963	1	FLUSS
25. April	1963	1	WIRBELWIND
8. Mai	1963	1	ADLER
21. Mai	1963	1	HASE
3. Juni	1963	1	SCHILDKRÖTE
16. Juni	1963	1	PUMA
29. Juni	1963	1	HIRSCH
12. Juli	1963	1	BLUME
25. Juli	1963	1	SCHILFROHR
7. Aug.	1963	1	ZWILLINGE
20. Aug.	1963	1	KARDINALSVOGEL
2. Sept.	1963	1	KLAPPERSCHLAN-GENZAHN
15. Sept.	1963	1	SCHLANGE
28. Sept.	1963	1	FEUERSTEIN
11. Okt.	1963	1	WASCHBÄR
24. Okt.	1963	1	DRACHE
6. Nov.	1963	1	REIHER
19. Nov.	1963	1	WOLF
2. Dez.	1963	1	FEUERSTELLE
15. Dez.	1963	1	EULE
28. Dez.	1963	1	FLUSS
10. Jan.	**1964**	1	WIRBELWIND
23. Jan.	1964	1	ADLER
5. Feb.	1964	1	HASE
18. Feb.	1964	1	SCHILDKRÖTE
2. März	1964	1	PUMA
15. März	1964	1	HIRSCH
28. März	1964	1	BLUME
10. April	1964	1	SCHILFROHR
23. April	1964	1	ZWILLINGE
6. Mai	1964	1	KARDINALSVOGEL
19. Mai	1964	1	KLAPPERSCHLAN-GENZAHN
1. Juni	1964	1	SCHLANGE
14. Juni	1964	1	FEUERSTEIN
27. Juni	1964	1	WASCHBÄR
10. Juli	1964	1	DRACHE
23. Juli	1964	1	REIHER
5. Aug.	1964	1	WOLF
18. Aug.	1964	1	FEUERSTELLE
31. Aug.	1964	1	EULE
13. Sept.	1964	1	FLUSS
26. Sept.	1964	1	WIRBELWIND

9. Okt.	1964	1	ADLER
22. Okt.	1964	1	HASE
4. Nov.	1964	1	SCHILDKRÖTE
17. Nov.	1964	1	PUMA
30. Nov.	1964	1	HIRSCH
13. Dez.	1964	1	BLUME
26. Dez.	1964	1	SCHILFROHR
8. Jan.	**1965**	1	ZWILLINGE
21. Jan.	1965	1	KARDINALSVOGEL
3. Feb.	1965	1	KLAPPERSCHLAN-GENZAHN
16. Feb.	1965	1	SCHLANGE
1. März	1965	1	FEUERSTEIN
14. März	1965	1	WASCHBÄR
27. März	1965	1	DRACHE
9. April	1965	1	REIHER
22. April	1965	1	WOLF
5. Mai	1965	1	FEUERSTELLE
18. Mai	1965	1	EULE
31. Mai	1965	1	FLUSS
13. Juni	1965	1	WIRBELWIND
26. Juni	1965	1	ADLER
9. Juli	1965	1	HASE
22. Juli	1965	1	SCHILDKRÖTE
4. Aug.	1965	1	PUMA
17. Aug.	1965	1	HIRSCH
30. Aug.	1965	1	BLUME
12. Sept.	1965	1	SCHILFROHR
25. Sept.	1965	1	ZWILLINGE
8. Okt.	1965	1	KARDINALSVOGEL
21. Okt.	1965	1	KLAPPERSCHLAN-GENZAHN
3. Nov.	1965	1	SCHLANGE
16. Nov.	1965	1	FEUERSTEIN
29. Nov.	1965	1	WASCHBÄR
12. Dez.	1965	1	DRACHE
25. Dez.	1965	1	REIHER
7. Jan.	**1966**	1	WOLF
20. Jan.	1966	1	FEUERSTELLE
2. Feb.	1966	1	EULE
15. Feb.	1966	1	FLUSS
28. Feb.	1966	1	WIRBELWIND
13. März	1966	1	ADLER
26. März	1966	1	HASE
8. April	1966	1	SCHILDKRÖTE
21. April	1966	1	PUMA
4. Mai	1966	1	HIRSCH
17. Mai	1966	1	BLUME

30. Mai	1966	1	SCHILFROHR
12. Juni	1966	1	ZWILLINGE
25. Juni	1966	1	KARDINALSVOGEL
8. Juli	1966	1	KLAPPERSCHLAN-GENZAHN
21. Juli	1966	1	SCHLANGE
3. Aug.	1966	1	FEUERSTEIN
16. Aug.	1966	1	WASCHBÄR
29. Aug.	1966	1	DRACHE
11. Sept.	1966	1	REIHER
24. Sept.	1966	1	WOLF
7. Okt.	1966	1	FEUERSTELLE
20. Okt.	1966	1	EULE
2. Nov.	1966	1	FLUSS
15. Nov.	1966	1	WIRBELWIND
28. Nov.	1966	1	ADLER
11. Dez.	1966	1	HASE
24. Dez.	1966	1	SCHILDKRÖTE
6. Jan.	**1967**	1	PUMA
19. Jan.	1967	1	HIRSCH
1. Feb.	1967	1	BLUME
14. Feb.	1967	1	SCHILFROHR
27. Feb.	1967	1	ZWILLINGE
12. März	1967	1	KARDINALSVOGEL
25. März	1967	1	KLAPPERSCHLAN-GENZAHN
7. April	1967	1	SCHLANGE
20. April	1967	1	FEUERSTEIN
3. Mai	1967	1	WASCHBÄR
16. Mai	1967	1	DRACHE
29. Mai	1967	1	REIHER
11. Juni	1967	1	WOLF
24. Juni	1967	1	FEUERSTELLE
7. Juli	1967	1	EULE
20. Juli	1967	1	FLUSS
2. Aug.	1967	1	WIRBELWIND
15. Aug.	1967	1	ADLER
28. Aug.	1967	1	HASE
10. Sept.	1967	1	SCHILDKRÖTE
23. Sept.	1967	1	PUMA
6. Okt.	1967	1	HIRSCH
19. Okt.	1967	1	BLUME
1. Nov.	1967	1	SCHILFROHR
14. Nov.	1967	1	ZWILLINGE
27. Nov.	1967	1	KARDINALSVOGEL
10. Dez.	1967	1	KLAPPERSCHLAN-GENZAHN
23. Dez.	1967	1	SCHLANGE

144

5. Jan.	**1968**	1	FEUERSTEIN	7. Sept.	1969	1	FLUSS
18. Jan.	1968	1	WASCHBÄR	20. Sept.	1969	1	WIRBELWIND
31. Jan.	1968	1	DRACHE	3. Okt.	1969	1	ADLER
13. Feb.	1968	1	REIHER	16. Okt.	1969	1	HASE
26. Feb.	1968	1	WOLF	29. Okt.	1969	1	SCHILDKRÖTE
10. März	1968	1	FEUERSTELLE	11. Nov.	1969	1	PUMA
23. März	1968	1	EULE	24. Nov.	1969	1	HIRSCH
5. April	1968	1	FLUSS	7. Dez.	1969	1	BLUME
18. April	1968	1	WIRBELWIND	20. Dez.	1969	1	SCHILFROHR
1. Mai	1968	1	ADLER				
14. Mai	1968	1	HASE	2. Jan.	**1970**	1	ZWILLINGE
27. Mai	1968	1	SCHILDKRÖTE	15. Jan.	1970	1	KARDINALSVOGEL
9. Juni	1968	1	PUMA	28. Jan.	1970	1	KLAPPERSCHLAN-
22. Juni	1968	1	HIRSCH				GENZAHN
5. Juli	1968	1	BLUME	10. Feb.	1970	1	SCHLANGE
18. Juli	1968	1	SCHILFROHR	23. Feb.	1970	1	FEUERSTEIN
31. Juli	1968	1	ZWILLINGE	8. März	1970	1	WASCHBÄR
13. Aug.	1968	1	KARDINALSVOGEL	21. März	1970	1	DRACHE
26. Aug.	1968	1	KLAPPERSCHLAN-	3. April	1970	1	REIHER
			GENZAHN	16. April	1970	1	WOLF
8. Sept.	1968	1	SCHLANGE	29. April	1970	1	FEUERSTELLE
21. Sept.	1968	1	FEUERSTEIN	12. Mai	1970	1	EULE
4. Okt.	1968	1	WASCHBÄR	25. Mai	1970	1	FLUSS
17. Okt.	1968	1	DRACHE	7. Juni	1970	1	WIRBELWIND
30. Okt.	1968	1	REIHER	20. Juni	1970	1	ADLER
12. Nov.	1968	1	WOLF	3. Juli	1970	1	HASE
25. Nov.	1968	1	FEUERSTELLE	16. Juli	1970	1	SCHILDKRÖTE
8. Dez.	1968	1	EULE	29. Juli	1970	1	PUMA
21. Dez.	1968	1	FLUSS	11. Aug.	1970	1	HIRSCH
				24. Aug.	1970	1	BLUME
3. Jan.	**1969**	1	WIRBELWIND	6. Sept.	1970	1	SCHILFROHR
16. Jan.	1969	1	ADLER	19. Sept.	1970	1	ZWILLINGE
29. Jan.	1969	1	HASE	2. Okt.	1970	1	KARDINALSVOGEL
11. Feb.	1969	1	SCHILDKRÖTE	15. Okt.	1970	1	KLAPPERSCHLAN-
24. Feb.	1969	1	PUMA				GENZAHN
9. März	1969	1	HIRSCH	28. Okt.	1970	1	SCHLANGE
22. März	1969	1	BLUME	10. Nov.	1970	1	FEUERSTEIN
4. April	1969	1	SCHILFROHR	23. Nov.	1970	1	WASCHBÄR
17. April	1969	1	ZWILLINGE	6. Dez.	1970	1	DRACHE
30. April	1969	1	KARDINALSVOGEL	19. Dez.	1970	1	REIHER
13. Mai	1969	1	KLAPPERSCHLAN-				
			GENZAHN	1. Jan.	**1971**	1	WOLF
26. Mai	1969	1	SCHLANGE	14. Jan.	1971	1	FEUERSTELLE
8. Juni	1969	1	FEUERSTEIN	27. Jan.	1971	1	EULE
21. Juni	1969	1	WASCHBÄR	9. Feb.	1971	1	FLUSS
4. Juli	1969	1	DRACHE	22. Feb.	1971	1	WIRBELWIND
17. Juli	1969	1	REIHER	7. März	1971	1	ADLER
30. Juli	1969	1	WOLF	20. März	1971	1	HASE
12. Aug.	1969	1	FEUERSTELLE	2. April	1971	1	SCHILDKRÖTE
25. Aug.	1969	1	EULE	15. April	1971	1	PUMA

28. April 1971	1	HIRSCH
11. Mai 1971	1	BLUME
24. Mai 1971	1	SCHILFROHR
6. Juni 1971	1	ZWILLINGE
19. Juni 1971	1	KARDINALSVOGEL
2. Juli 1971	1	KLAPPERSCHLAN-GENZAHN
15. Juli 1971	1	SCHLANGE
28. Juli 1971	1	FEUERSTEIN
10. Aug. 1971	1	WASCHBÄR
23. Aug. 1971	1	DRACHE
5. Sept. 1971	1	REIHER
18. Sept. 1971	1	WOLF
1. Okt. 1971	1	FEUERSTELLE
14. Okt. 1971	1	EULE
27. Okt. 1971	1	FLUSS
9. Nov. 1971	1	WIRBELWIND
22. Nov. 1971	1	ADLER
5. Dez. 1971	1	HASE
18. Dez. 1971	1	SCHILDKRÖTE
31. Dez. 1971	1	PUMA
13. Jan. **1972**	1	HIRSCH
26. Jan. 1972	1	BLUME
8. Feb. 1972	1	SCHILFROHR
21. Feb. 1972	1	ZWILLINGE
5. März 1972	1	KARDINALSVOGEL
18. März 1972	1	KLAPPERSCHLAN-GENZAHN
31. März 1972	1	SCHLANGE
13. April 1972	1	FEUERSTEIN
26. April 1972	1	WASCHBÄR
9. Mai 1972	1	DRACHE
22. Mai 1972	1	REIHER
4. Juni 1972	1	WOLF
17. Juni 1972	1	FEUERSTELLE
30. Juni 1972	1	EULE
13. Juli 1972	1	FLUSS
26. Juli 1972	1	WIRBELWIND
8. Aug. 1972	1	ADLER
21. Aug. 1972	1	HASE
3. Sept. 1972	1	SCHILDKRÖTE
16. Sept. 1972	1	PUMA
29. Sept. 1972	1	HIRSCH
12. Okt. 1972	1	BLUME
25. Okt. 1972	1	SCHILFROHR
7. Nov. 1972	1	ZWILLINGE
20. Nov. 1972	1	KARDINALSVOGEL
3. Dez. 1972	1	KLAPPERSCHLAN-GENZAHN

16. Dez. 1972	1	SCHLANGE
29. Dez. 1972	1	FEUERSTEIN
11. Jan. **1973**	1	WASCHBÄR
24. Jan. 1973	1	DRACHE
6. Feb. 1973	1	REIHER
19. Feb. 1973	1	WOLF
4. März 1973	1	FEUERSTELLE
17. März 1973	1	EULE
30. März 1973	1	FLUSS
12. April 1973	1	WIRBELWIND
25. April 1973	1	ADLER
8. Mai 1973	1	HASE
21. Mai 1973	1	SCHILDKRÖTE
3. Juni 1973	1	PUMA
16. Juni 1973	1	HIRSCH
29. Juni 1973	1	BLUME
12. Juli 1973	1	SCHILFROHR
25. Juli 1973	1	ZWILLINGE
7. Aug. 1973	1	KARDINALSVOGEL
20. Aug. 1973	1	KLAPPERSCHLAN-GENZAHN
2. Sept. 1973	1	SCHLANGE
15. Sept. 1973	1	FEUERSTEIN
28. Sept. 1973	1	WASCHBÄR
11. Okt. 1973	1	DRACHE
24. Okt. 1973	1	REIHER
6. Nov. 1973	1	WOLF
19. Nov. 1973	1	FEUERSTELLE
2. Dez. 1973	1	EULE
15. Dez. 1973	1	FLUSS
28. Dez. 1973	1	WIRBELWIND
10. Jan. **1974**	1	ADLER
23. Jan. 1974	1	HASE
5. Feb. 1974	1	SCHILDKRÖTE
18. Feb. 1974	1	PUMA
3. März 1974	1	HIRSCH
16. März 1974	1	BLUME
29. März 1974	1	SCHILFROHR
11. April 1974	1	ZWILLINGE
24. April 1974	1	KARDINALSVOGEL
7. Mai 1974	1	KLAPPERSCHLAN-GENZAHN
20. Mai 1974	1	SCHLANGE
2. Juni 1974	1	FEUERSTEIN
15. Juni 1974	1	WASCHBÄR
28. Juni 1974	1	DRACHE
11. Juli 1984	1	REIHER
24. Juli 1974	1	WOLF

6. Aug.	1974	1	FEUERSTELLE	26. März	1976	1	SCHILDKRÖTE
19. Aug.	1974	1	EULE	8. April	1976	1	PUMA
1. Sept.	1974	1	FLUSS	21. April	1976	1	HIRSCH
14. Sept.	1974	1	WIRBELWIND	4. Mai	1976	1	BLUME
27. Sept.	1974	1	ADLER	17. Mai	1976	1	SCHILFROHR
10. Okt.	1974	1	HASE	30. Mai	1976	1	ZWILLINGE
23. Okt.	1974	1	SCHILDKRÖTE	12. Juni	1976	1	KARDINALSVOGEL
5. Nov.	1974	1	PUMA	25. Juni	1976	1	KLAPPERSCHLAN-GENZAHN
18. Nov.	1974	1	HIRSCH				
1. Dez.	1974	1	BLUME	8. Juli	1976	1	SCHLANGE
14. Dez.	1974	1	SCHILFROHR	21. Juli	1976	1	FEUERSTEIN
27. Dez.	1974	1	ZWILLINGE	3. Aug.	1976	1	WASCHBÄR
				16. Aug.	1976	1	DRACHE
9. Jan.	**1975**	1	KARDINALSVOGEL	29. Aug.	1976	1	REIHER
22. Jan.	1975	1	KLAPPERSCHLAN-GENZAHN	11. Sept.	1976	1	WOLF
				24. Sept.	1976	1	FEUERSTELLE
4. Feb.	1975	1	SCHLANGE	7. Okt.	1976	1	EULE
17. Feb.	1975	1	FEUERSTEIN	20. Okt.	1976	1	FLUSS
2. März	1975	1	WASCHBÄR	2. Nov.	1976	1	WIRBELWIND
15. März	1975	1	DRACHE	15. Nov.	1976	1	ADLER
28. März	1975	1	REIHER	28. Nov.	1976	1	HASE
10. April	1975	1	WOLF	11. Dez.	1976	1	SCHILDKRÖTE
23. April	1975	1	FEUERSTELLE	24. Dez.	1976	1	PUMA
6. Mai	1975	1	EULE				
19. Mai	1975	1	FLUSS	6. Jan.	**1977**	1	HIRSCH
1. Juni	1975	1	WIRBELWIND	19. Jan.	1977	1	BLUME
14. Juni	1975	1	ADLER	1. Feb.	1977	1	SCHILFROHR
27. Juni	1975	1	HASE	14. Feb.	1977	1	ZWILLINGE
10. Juli	1975	1	SCHILDKRÖTE	27. Feb.	1977	1	KARDINALSVOGEL
23. Juli	1975	1	PUMA	12. März	1977	1	KLAPPERSCHLAN-GENZAHN
5. Aug.	1975	1	HIRSCH				
18. Aug.	1975	1	BLUME	25. März	1977	1	SCHLANGE
31. Aug.	1975	1	SCHILFROHR	7. April	1977	1	FEUERSTEIN
13. Sept.	1975	1	ZWILLINGE	20. April	1977	1	WASCHBÄR
26. Sept.	1975	1	KARDINALSVOGEL	3. Mai	1977	1	DRACHE
9. Okt.	1975	1	KLAPPERSCHLAN-GENZAHN	16. Mai	1977	1	REIHER
				29. Mai	1977	1	WOLF
22. Okt.	1975	1	SCHLANGE	11. Juni	1977	1	FEUERSTELLE
4. Nov.	1975	1	FEUERSTEIN	24. Juni	1977	1	EULE
17. Nov.	1975	1	WASCHBÄR	7. Juli	1977	1	FLUSS
30. Nov.	1975	1	DRACHE	20. Juli	1977	1	WIRBELWIND
13. Dez.	1975	1	REIHER	2. Aug.	1977	1	ADLER
26. Dez.	1975	1	WOLF	15. Aug.	1977	1	HASE
				28. Aug.	1977	1	SCHILDKRÖTE
8. Jan.	**1976**	1	FEUERSTELLE	10. Sept.	1977	1	PUMA
21. Jan.	1976	1	EULE	23. Sept.	1977	1	HIRSCH
3. Feb.	1976	1	FLUSS	6. Okt.	1977	1	BLUME
16. Feb.	1976	1	WIRBELWIND	19. Okt.	1977	1	SCHILFROHR
29. Feb.	1976	1	ADLER	1. Nov.	1977	1	ZWILLINGE
13. März	1976	1	HASE	14. Nov.	1977	1	KARDINALSVOGEL

27. Nov.	1977	1	KLAPPERSCHLAN-GENZAHN
10. Dez.	1977	1	SCHLANGE
23. Dez.	1977	1	FEUERSTEIN
5. Jan.	**1978**	1	WASCHBÄR
18. Jan.	1978	1	DRACHE
31. Jan.	1978	1	REIHER
13. Feb.	1978	1	WOLF
26. Feb.	1978	1	FEUERSTELLE
11. März	1978	1	EULE
24. März	1978	1	FLUSS
6. April	1978	1	WIRBELWIND
19. April	1978	1	ADLER
2. Mai	1978	1	HASE
15. Mai	1978	1	SCHILDKRÖTE
28. Mai	1978	1	PUMA
10. Juni	1978	1	HIRSCH
23. Juni	1978	1	BLUME
6. Juli	1978	1	SCHILFROHR
19. Juli	1978	1	ZWILLINGE
1. Aug.	1978	1	KARDINALSVOGEL
14. Aug.	1978	1	KLAPPERSCHLAN-GENZAHN
27. Aug.	1978	1	SCHLANGE
9. Sept.	1978	1	FEUERSTEIN
22. Sept.	1978	1	WASCHBÄR
5. Okt.	1978	1	DRACHE
18. Okt.	1978	1	REIHER
31. Okt.	1978	1	WOLF
13. Nov.	1978	1	FEUERSTELLE
26. Nov.	1978	1	EULE
9. Dez.	1978	1	FLUSS
22. Dez.	1978	1	WIRBELWIND
4. Jan.	**1979**	1	ADLER
17. Jan.	1979	1	HASE
30. Jan.	1979	1	SCHILDKRÖTE
12. Feb.	1979	1	PUMA
25. Feb.	1979	1	HIRSCH
10. März	1979	1	BLUME
23. März	1979	1	SCHILFROHR
5. April	1979	1	ZWILLINGE
18. April	1979	1	KARDINALSVOGEL
1. Mai	1979	1	KLAPPERSCHLAN-GENZAHN
14. Mai	1979	1	SCHLANGE
27. Mai	1979	1	FEUERSTEIN
9. Juni	1979	1	WASCHBÄR
22. Juni	1979	1	DRACHE
5. Juli	1979	1	REIHER
18. Juli	1979	1	WOLF
31. Juli	1979	1	FEUERSTELLE
13. Aug.	1979	1	EULE
26. Aug.	1979	1	FLUSS
8. Sept.	1979	1	WIRBELWIND
21. Sept.	1979	1	ADLER
4. Okt.	1979	1	HASE
17. Okt.	1979	1	SCHILDKRÖTE
30. Okt.	1979	1	PUMA
12. Nov.	1979	1	HIRSCH
25. Nov.	1979	1	BLUME
8. Dez.	1979	1	SCHILFROHR
21. Dez.	1979	1	ZWILLINGE
3. Jan.	**1980**	1	KARDINALSVOGEL
16. Jan.	1980	1	KLAPPERSCHLAN-GENZAHN
29. Jan.	1980	1	SCHLANGE
11. Feb.	1980	1	FEUERSTEIN
24. Feb.	1980	1	WASCHBÄR
8. März	1980	1	DRACHE
21. März	1980	1	REIHER
3. April	1980	1	WOLF
16. April	1980	1	FEUERSTELLE
29. April	1980	1	EULE
12. Mai	1980	1	FLUSS
25. Mai	1980	1	WIRBELWIND
7. Juni	1980	1	ADLER
20. Juni	1980	1	HASE
3. Juli	1980	1	SCHILDKRÖTE
16. Juli	1980	1	PUMA
29. Juli	1980	1	HIRSCH
11. Aug.	1980	1	BLUME
24. Aug.	1980	1	SCHILFROHR
6. Sept.	1980	1	ZWILLINGE
19. Sept.	1980	1	KARDINALSVOGEL
2. Okt.	1980	1	KLAPPERSCHLAN-GENZAHN
15. Okt.	1980	1	SCHLANGE
28. Okt.	1980	1	FEUERSTEIN
10. Nov.	1980	1	WASCHBÄR
23. Nov.	1980	1	DRACHE
6. Dez.	1980	1	REIHER
19. Dez.	1980	1	WOLF
1. Jan.	**1981**	1	FEUERSTELLE
14. Jan.	1981	1	EULE
27. Jan.	1981	1	FLUSS
9. Feb.	1981	1	WIRBELWIND

148

22. Feb.	1981	1	ADLER
7. März	1981	1	HASE
20. März	1981	1	SCHILDKRÖTE
2. April	1981	1	PUMA
15. April	1981	1	HIRSCH
28. April	1981	1	BLUME
11. Mai	1981	1	SCHILFROHR
24. Mai	1981	1	ZWILLINGE
6. Juni	1981	1	KARDINALSVOGEL
19. Juni	1981	1	KLAPPERSCHLAN-GENZAHN
2. Juli	1981	1	SCHLANGE
15. Juli	1981	1	FEUERSTEIN
28. Juli	1981	1	WASCHBÄR
10. Aug.	1981	1	DRACHE
23. Aug.	1981	1	REIHER
5. Sept.	1981	1	WOLF
18. Sept.	1981	1	FEUERSTELLE
1. Okt.	1981	1	EULE
14. Okt.	1981	1	FLUSS
27. Okt.	1981	1	WIRBELWIND
9. Nov.	1981	1	ADLER
22. Nov.	1981	1	HASE
5. Dez.	1981	1	SCHILDKRÖTE
18. Dez.	1981	1	PUMA
31. Dez.	1981	1	HIRSCH
13. Jan.	**1982**	1	BLUME
26. Jan.	1982	1	SCHILFROHR
8. Feb.	1982	1	ZWILLINGE
21. Feb.	1982	1	KARDINALSVOGEL
6. März	1982	1	KLAPPERSCHLAN-GENZAHN
19. März	1982	1	SCHLANGE
1. April	1982	1	FEUERSTEIN
14. April	1982	1	WASCHBÄR
27. April	1982	1	DRACHE
10. Mai	1982	1	REIHER
23. Mai	1982	1	WOLF
5. Juni	1982	1	FEUERSTELLE
18. Juni	1982	1	EULE
1. Juli	1982	1	FLUSS
14. Juli	1982	1	WIRBELWIND
27. Juli	1982	1	ADLER
9. Aug.	1982	1	HASE
22. Aug.	1982	1	SCHILDKRÖTE
4. Sept.	1982	1	PUMA
17. Sept.	1982	1	HIRSCH
30. Sept.	1982	1	BLUME
13. Okt.	1982	1	SCHILFROHR

26. Okt.	1982	1	ZWILLINGE
8. Nov.	1982	1	KARDINALSVOGEL
21. Nov.	1982	1	KLAPPERSCHLAN-GENZAHN
4. Dez.	1982	1	SCHLANGE
17. Dez.	1982	1	FEUERSTEIN
30. Dez.	1982	1	WASCHBÄR
12. Jan.	**1983**	1	DRACHE
25. Jan.	1983	1	REIHER
7. Feb.	1983	1	WOLF
20. Feb.	1983	1	FEUERSTELLE
5. März	1983	1	EULE
18. März	1983	1	FLUSS
31. März	1983	1	WIRBELWIND
13. April	1983	1	ADLER
26. April	1983	1	HASE
9. Mai	1983	1	SCHILDKRÖTE
22. Mai	1983	1	PUMA
4. Juni	1983	1	HIRSCH
17. Juni	1983	1	BLUME
30. Juni	1983	1	SCHILFROHR
13. Juli	1983	1	ZWILLINGE
26. Juli	1983	1	KARDINALSVOGEL
8. Aug.	1983	1	KLAPPERSCHLAN-GENZAHN
21. Aug.	1983	1	SCHLANGE
3. Sept.	1983	1	FEUERSTEIN
16. Sept.	1983	1	WASCHBÄR
29. Sept.	1983	1	DRACHE
12. Okt.	1983	1	REIHER
25. Okt.	1983	1	WOLF
7. Nov.	1983	1	FEUERSTELLE
20. Nov.	1983	1	EULE
3. Dez.	1983	1	FLUSS
16. Dez.	1983	1	WIRBELWIND
29. Dez.	1983	1	ADLER
11. Jan.	**1984**	1	HASE
24. Jan.	1984	1	SCHILDKRÖTE
6. Feb.	1984	1	PUMA
19. Feb.	1984	1	HIRSCH
3. März	1984	1	BLUME
16. März	1984	1	SCHILFROHR
29. März	1984	1	ZWILLINGE
11. April	1984	1	KARDINALSVOGEL
24. April	1984	1	KLAPPERSCHLAN-GENZAHN
7. Mai	1984	1	SCHLANGE
20. Mai	1984	1	FEUERSTEIN

2. Juni	1984	1	WASCHBÄR
15. Juni	1984	1	DRACHE
28. Juni	1984	1	REIHER
11. Juli	1984	1	WOLF
24. Juli	1984	1	FEUERSTELLE
6. Aug.	1984	1	EULE
19. Aug.	1984	1	FLUSS
1. Sept.	1984	1	WIRBELWIND
14. Sept.	1984	1	ADLER
27. Sept.	1984	1	HASE
10. Okt.	1984	1	SCHILDKRÖTE
23. Okt.	1984	1	PUMA
5. Nov.	1984	1	HIRSCH
18. Nov.	1984	1	BLUME
1. Dez.	1984	1	SCHILFROHR
14. Dez.	1984	1	ZWILLINGE
27. Dez.	1984	1	KARDINALSVOGEL
9. Jan.	**1985**	1	KLAPPERSCHLAN-GENZAHN
22. Jan.	1985	1	SCHLANGE
4. Feb.	1985	1	FEUERSTEIN
17. Feb.	1985	1	WASCHBÄR
2. März	1985	1	DRACHE
15. März	1985	1	REIHER
28. März	1985	1	WOLF
10. April	1985	1	FEUERSTELLE
23. April	1985	1	EULE
6. Mai	1985	1	FLUSS
19. Mai	1985	1	WIRBELWIND
1. Juni	1985	1	ADLER
14. Juni	1985	1	HASE
27. Juni	1985	1	SCHILDKRÖTE
10. Juli	1985	1	PUMA
23. Juli	1985	1	HIRSCH
5. Aug.	1985	1	BLUME
18. Aug.	1985	1	SCHILFROHR
31. Aug.	1985	1	ZWILLINGE
13. Sept.	1985	1	KARDINALSVOGEL
26. Sept.	1985	1	KLAPPERSCHLAN-GENZAHN
9. Okt.	1985	1	SCHLANGE
22. Okt.	1985	1	FEUERSTEIN
4. Nov.	1985	1	WASCHBÄR
17. Nov.	1985	1	DRACHE
30. Nov.	1985	1	REIHER
13. Dez.	1985	1	WOLF
26. Dez.	1985	1	FEUERSTELLE
8. Jan.	**1986**	1	EULE
21. Jan.	1986	1	FLUSS
3. Feb.	1986	1	WIRBELWIND
16. Feb.	1986	1	ADLER
1. März	1986	1	HASE
14. März	1986	1	SCHILDKRÖTE
27. März	1986	1	PUMA
9. April	1986	1	HIRSCH
22. April	1986	1	BLUME
5. Mai	1986	1	SCHILFROHR
18. Mai	1986	1	ZWILLINGE
31. Mai	1986	1	KARDINALSVOGEL
13. Juni	1986	1	KLAPPERSCHLAN-GENZAHN
26. Juni	1986	1	SCHLANGE
9. Juli	1986	1	FEUERSTEIN
22. Juli	1986	1	WASCHBÄR
4. Aug.	1986	1	DRACHE
17. Aug.	1986	1	REIHER
30. Aug.	1986	1	WOLF
12. Sept.	1986	1	FEUERSTELLE
25. Sept.	1986	1	EULE
8. Okt.	1986	1	FLUSS
21. Okt.	1986	1	WIRBELWIND
3. Nov.	1986	1	ADLER
16. Nov.	1986	1	HASE
29. Nov.	1986	1	SCHILDKRÖTE
12. Dez.	1986	1	PUMA
25. Dez.	1986	1	HIRSCH
7. Jan.	**1987**	1	BLUME
20. Jan.	1987	1	SCHILFROHR
2. Feb.	1987	1	ZWILLINGE
15. Feb.	1987	1	KARDINALSVOGEL
28. Feb.	1987	1	KLAPPERSCHLAN-GENZAHN
13. März	1987	1	SCHLANGE
26. März	1987	1	FEUERSTEIN
8. April	1987	1	WASCHBÄR
21. April	1987	1	DRACHE
4. Mai	1987	1	REIHER
17. Mai	1987	1	WOLF
30. Mai	1987	1	FEUERSTELLE
12. Juni	1987	1	EULE
25. Juni	1987	1	FLUSS
8. Juli	1987	1	WIRBELWIND
21. Juli	1987	1	ADLER
3. Aug.	1987	1	HASE
16. Aug.	1987	1	SCHILDKRÖTE
29. Aug.	1987	1	PUMA
11. Sept.	1987	1	HIRSCH
24. Sept.	1987	1	BLUME

7. Okt.	1987	1	Schilfrohr
20. Okt.	1987	1	Zwillinge
2. Nov.	1987	1	Kardinalsvogel
15. Nov.	1987	1	Klapperschlan-genzahn
28. Nov.	1987	1	Schlange
11. Dez.	1987	1	Feuerstein
24. Dez.	1987	1	Waschbär
6. Jan.	**1988**	1	Drache
19. Jan.	1988	1	Reiher
1. Feb.	1988	1	Wolf
14. Feb.	1988	1	Feuerstelle
27. Feb.	1988	1	Eule
11. März	1988	1	Fluss
24. März	1988	1	Wirbelwind
6. April	1988	1	Adler
19. April	1988	1	Hase
2. Mai	1988	1	Schildkröte
15. Mai	1988	1	Puma
28. Mai	1988	1	Hirsch
10. Juni	1988	1	Blume
23. Juni	1988	1	Schilfrohr
6. Juli	1988	1	Zwillinge
19. Juli	1988	1	Kardinalsvogel
1. Aug.	1988	1	Klapperschlan-genzahn
14. Aug.	1988	1	Schlange
27. Aug.	1988	1	Feuerstein
9. Sept.	1988	1	Waschbär
22. Sept.	1988	1	Drache
5. Okt.	1988	1	Reiher
18. Okt.	1988	1	Wolf
31. Okt.	1988	1	Feuerstelle
13. Nov.	1988	1	Eule
26. Nov.	1988	1	Fluss
9. Dez.	1988	1	Wirbelwind
22. Dez.	1988	1	Adler
4. Jan.	**1989**	1	Hase
17. Jan.	1989	1	Schildkröte
30. Jan.	1989	1	Puma
12. Feb.	1989	1	Hirsch
25. Feb.	1989	1	Blume
10. März	1989	1	Schilfrohr
23. März	1989	1	Zwillinge
5. April	1989	1	Kardinalsvogel
18. April	1989	1	Klapperschlan-genzahn
1. Mai	1989	1	Schlange
14. Mai	1989	1	Feuerstein
27. Mai	1989	1	Waschbär
9. Juni	1989	1	Drache
22. Juni	1989	1	Reiher
5. Juli	1989	1	Wolf
18. Juli	1989	1	Feuerstelle
31. Juli	1989	1	Eule
13. Aug.	1989	1	Fluss
26. Aug.	1989	1	Wirbelwind
8. Sept.	1989	1	Adler
21. Sept.	1989	1	Hase
4. Okt.	1989	1	Schildkröte
17. Okt.	1989	1	Puma
30. Okt.	1989	1	Hirsch
12. Nov.	1989	1	Blume
25. Nov.	1989	1	Schilfrohr
8. Dez.	1989	1	Zwillinge
21. Dez.	1989	1	Kardinalsvogel
3. Jan.	**1990**	1	Klapperschlan-genzahn
16. Jan.	1990	1	Schlange
29. Jan.	1990	1	Feuerstein
11. Feb.	1990	1	Waschbär
24. Feb.	1990	1	Drache
9. März	1990	1	Reiher
22. März	1990	1	Wolf
4. April	1990	1	Feuerstelle
17. April	1990	1	Eule
30. April	1990	1	Fluss
13. Mai	1990	1	Wirbelwind
26. Mai	1990	1	Adler
8. Juni	1990	1	Hase
21. Juni	1990	1	Schildkröte
4. Juli	1990	1	Puma
17. Juli	1990	1	Hirsch
30. Juli	1990	1	Blume
12. Aug.	1990	1	Schilfrohr
25. Aug.	1990	1	Zwillinge
7. Sept.	1990	1	Kardinalsvogel
20. Sept.	1990	1	Klapperschlan-genzahn
3. Okt.	1990	1	Schlange
16. Okt.	1990	1	Feuerstein
29. Okt.	1990	1	Waschbär
11. Nov.	1990	1	Drache
24. Nov.	1990	1	Reiher
7. Dez.	1990	1	Wolf
20. Dez.	1990	1	Feuerstelle

151

2. Jan.	**1991**	1 EULE
15. Jan.	1991	1 FLUSS
28. Jan.	1991	1 WIRBELWIND
10. Feb.	1991	1 ADLER
23. Feb.	1991	1 HASE
8. März	1991	1 SCHILDKRÖTE
21. März	1991	1 PUMA
3. April	1991	1 HIRSCH
16. April	1991	1 BLUME
29. April	1991	1 SCHILFROHR
12. Mai	1991	1 ZWILLINGE
25. Mai	1991	1 KARDINALSVOGEL
7. Juni	1991	1 KLAPPERSCHLAN-GENZAHN
20. Juni	1991	1 SCHLANGE
3. Juli	1991	1 FEUERSTEIN
16. Juli	1991	1 WASCHBÄR
29. Juli	1991	1 DRACHE
11. Aug.	1991	1 REIHER
24. Aug.	1991	1 WOLF
6. Sept.	1991	1 FEUERSTELLE
19. Sept.	1991	1 EULE
2. Okt.	1991	1 FLUSS
15. Okt.	1991	1 WIRBELWIND
28. Okt.	1991	1 ADLER
10. Nov.	1991	1 HASE
23. Nov.	1991	1 SCHILDKRÖTE
6. Dez.	1991	1 PUMA
19. Dez.	1991	1 HIRSCH
1. Jan.	**1992**	1 BLUME
14. Jan.	1992	1 SCHILFROHR
27. Jan.	1992	1 ZWILLINGE
9. Feb.	1992	1 KARDINALSVOGEL
22. Feb.	1992	1 KLAPPERSCHLAN-GENZAHN
6. März	1992	1 SCHLANGE
19. März	1992	1 FEUERSTEIN
1. April	1992	1 WASCHBÄR
14. April	1992	1 DRACHE
27. April	1992	1 REIHER
10. Mai	1992	1 WOLF
23. Mai	1992	1 FEUERSTELLE
5. Juni	1992	1 EULE
18. Juni	1992	1 FLUSS
1. Juli	1992	1 WIRBELWIND
14. Juli	1992	1 ADLER
27. Juli	1992	1 HASE
9. Aug.	1992	1 SCHILDKRÖTE
22. Aug.	1992	1 PUMA
4. Sept.	1992	1 HIRSCH
17. Sept.	1992	1 BLUME
30. Sept.	1992	1 SCHILFROHR
13. Okt.	1992	1 ZWILLINGE
26. Okt.	1992	1 KARDINALSVOGEL
8. Nov.	1992	1 KLAPPERSCHLAN-GENZAHN
21. Nov.	1992	1 SCHLANGE
4. Dez.	1992	1 FEUERSTEIN
17. Dez.	1992	1 WASCHBÄR
30. Dez.	1992	1 DRACHE
12. Jan.	**1993**	1 REIHER
25. Jan.	1993	1 WOLF
7. Feb.	1993	1 FEUERSTELLE
20. Feb.	1993	1 EULE
5. März	1993	1 FLUSS
18. März	1993	1 WIRBELWIND
31. März	1993	1 ADLER
13. April	1993	1 HASE
26. April	1993	1 SCHILDKRÖTE
9. Mai	1993	1 PUMA
22. Mai	1993	1 HIRSCH
4. Juni	1993	1 BLUME
17. Juni	1993	1 SCHILFROHR
30. Juni	1993	1 ZWILLINGE
13. Juli	1993	1 KARDINALSVOGEL
26. Juli	1993	1 KLAPPERSCHLAN-GENZAHN
8. Aug.	1993	1 SCHLANGE
21. Aug.	1993	1 FEUERSTEIN
3. Sept.	1993	1 WASCHBÄR
16. Sept.	1993	1 DRACHE
29. Sept.	1993	1 REIHER
12. Okt.	1993	1 WOLF
25. Okt.	1993	1 FEUERSTELLE
7. Nov.	1993	1 EULE
20. Nov.	1993	1 FLUSS
3. Dez.	1993	1 WIRBELWIND
16. Dez.	1993	1 ADLER
29. Dez.	1993	1 HASE
11. Jan.	**1994**	1 SCHILDKRÖTE
24. Jan.	1994	1 PUMA
6. Feb.	1994	1 HIRSCH
19. Feb.	1994	1 BLUME
4. März	1994	1 SCHILFROHR
17. März	1994	1 ZWILLINGE
30. März	1994	1 KARDINALSVOGEL

12. April 1994	1	KLAPPERSCHLAN-GENZAHN
25. April 1994	1	SCHLANGE
8. Mai 1994	1	FEUERSTEIN
21. Mai 1994	1	WASCHBÄR
3. Juni 1994	1	DRACHE
16. Juni 1994	1	REIHER
29. Juni 1994	1	WOLF
12. Juli 1994	1	FEUERSTELLE
25. Juli 1994	1	EULE
7. Aug. 1994	1	FLUSS
20. Aug. 1994	1	WIRBELWIND
2. Sept. 1994	1	ADLER
15. Sept. 1994	1	HASE
28. Sept. 1994	1	SCHILDKRÖTE
11. Okt. 1994	1	PUMA
24. Okt. 1994	1	HIRSCH
6. Nov. 1994	1	BLUME
19. Nov. 1994	1	SCHILFROHR
2. Dez. 1994	1	ZWILLINGE
15. Dez. 1994	1	KARDINALSVOGEL
28. Dez. 1994	1	KLAPPERSCHLAN-GENZAHN
10. Jan. **1995**	1	SCHLANGE
23. Jan. 1995	1	FEUERSTEIN
5. Feb. 1995	1	WASCHBÄR
18. Feb. 1995	1	DRACHE
3. März 1995	1	REIHER
16. März 1995	1	WOLF
29. März 1995	1	FEUERSTELLE
11. April 1995	1	EULE
24. April 1995	1	FLUSS
7. Mai 1995	1	WIRBELWIND
20. Mai 1995	1	ADLER
2. Juni 1995	1	HASE
15. Juni 1995	1	SCHILDKRÖTE
28. Juni 1995	1	PUMA
11. Juli 1995	1	HIRSCH
24. Juli 1995	1	BLUME
6. Aug. 1995	1	SCHILFROHR
19. Aug. 1995	1	ZWILLINGE
1. Sept. 1995	1	KARDINALSVOGEL
14. Sept. 1995	1	KLAPPERSCHLAN-GENZAHN
27. Sept. 1995	1	SCHLANGE
10. Okt. 1995	1	FEUERSTEIN
23. Okt. 1995	1	WASCHBÄR
5. Nov. 1995	1	DRACHE
18. Nov. 1995	1	REIHER
1. Dez. 1995	1	WOLF
14. Dez. 1995	1	FEUERSTELLE
27. Dez. 1995	1	EULE
9. Jan. **1996**	1	FLUSS
22. Jan. 1996	1	WIRBELWIND
4. Feb. 1996	1	ADLER
17. Feb. 1996	1	HASE
1. März 1996	1	SCHILDKRÖTE
14. März 1996	1	PUMA
27. März 1996	1	HIRSCH
9. April 1996	1	BLUME
22. April 1996	1	SCHILFROHR
5. Mai 1996	1	ZWILLINGE
18. Mai 1996	1	KARDINALSVOGEL
31. Mai 1996	1	KLAPPERSCHLAN-GENZAHN
13. Juni 1996	1	SCHLANGE
26. Juni 1996	1	FEUERSTEIN
9. Juli 1996	1	WASCHBÄR
22. Juli 1996	1	DRACHE
4. Aug. 1996	1	REIHER
17. Aug. 1996	1	WOLF
30. Aug. 1996	1	FEUERSTELLE
12. Sept. 1996	1	EULE
25. Sept. 1996	1	FLUSS
8. Okt. 1996	1	WIRBELWIND
21. Okt. 1996	1	ADLER
3. Nov. 1996	1	HASE
16. Nov. 1996	1	SCHILDKRÖTE
29. Nov. 1996	1	PUMA
12. Dez. 1996	1	HIRSCH
25. Dez. 1996	1	BLUME
7. Jan. **1997**	1	SCHILFROHR
20. Jan. 1997	1	ZWILLINGE
2. Feb. 1997	1	KARDINALSVOGEL
15. Feb. 1997	1	KLAPPERSCHLAN-GENZAHN
28. Feb. 1997	1	SCHLANGE
13. März 1997	1	FEUERSTEIN
26. März 1997	1	WASCHBÄR
8. April 1997	1	DRACHE
21. April 1997	1	REIHER
4. Mai 1997	1	WOLF
17. Mai 1997	1	FEUERSTELLE
30. Mai 1997	1	EULE
12. Juni 1997	1	FLUSS
25. Juni 1997	1	WIRBELWIND
8. Juli 1997	1	ADLER

153

21. Juli	1997	1	HASE
3. Aug.	1997	1	SCHILDKRÖTE
16. Aug.	1997	1	PUMA
29. Aug.	1997	1	HIRSCH
11. Sept.	1997	1	BLUME
24. Sept.	1997	1	SCHILFROHR
7. Okt.	1997	1	ZWILLINGE
20. Okt.	1997	1	KARDINALSVOGEL
2. Nov.	1997	1	KLAPPERSCHLAN-GENZAHN
15. Nov.	1997	1	SCHLANGE
28. Nov.	1997	1	FEUERSTEIN
11. Dez.	1997	1	WASCHBÄR
24. Dez.	1997	1	DRACHE
6. Jan.	**1998**	1	REIHER
19. Jan.	1998	1	WOLF
1. Feb.	1998	1	FEUERSTELLE
14. Feb.	1998	1	EULE
27. Feb.	1998	1	FLUSS
12. März	1998	1	WIRBELWIND
25. März	1998	1	ADLER
7. April	1998	1	HASE
20. April	1998	1	SCHILDKRÖTE
3. Mai	1998	1	PUMA
16. Mai	1998	1	HIRSCH
29. Mai	1998	1	BLUME
11. Juni	1998	1	SCHILFROHR
24. Juni	1998	1	ZWILLINGE
7. Juli	1998	1	KARDINALSVOGEL
20. Juli	1998	1	KLAPPERSCHLAN-GENZAHN
2. Aug.	1998	1	SCHLANGE
15. Aug.	1998	1	FEUERSTEIN
28. Aug.	1998	1	WASCHBÄR
10. Sept.	1998	1	DRACHE
23. Sept.	1998	1	REIHER
6. Okt.	1998	1	WOLF
19. Okt.	1998	1	FEUERSTELLE
1. Nov.	1998	1	EULE
14. Nov.	1998	1	FLUSS
27. Nov.	1998	1	WIRBELWIND
10. Dez.	1998	1	ADLER
23. Dez.	1998	1	HASE
5. Jan.	**1999**	1	SCHILDKRÖTE
18. Jan.	1999	1	PUMA
31. Jan.	1999	1	HIRSCH
13. Feb.	1999	1	BLUME
26. Feb.	1999	1	SCHILFROHR
11. März	1999	1	ZWILLINGE
24. März	1999	1	KARDINALSVOGEL
6. April	1999	1	KLAPPERSCHLAN-GENZAHN
19. April	1999	1	SCHLANGE
2. Mai	1999	1	FEUERSTEIN
15. Mai	1999	1	WASCHBÄR
28. Mai	1999	1	DRACHE
10. Juni	1999	1	REIHER
23. Juni	1999	1	WOLF
6. Juli	1999	1	FEUERSTELLE
19. Juli	1999	1	EULE
1. Aug.	1999	1	FLUSS
14. Aug.	1999	1	WIRBELWIND
27. Aug.	1999	1	ADLER
9. Sept.	1999	1	HASE
22. Sept.	1999	1	SCHILDKRÖTE
5. Okt.	1999	1	PUMA
18. Okt.	1999	1	HIRSCH
31. Okt.	1999	1	BLUME
13. Nov.	1999	1	SCHILFROHR
26. Nov.	1999	1	ZWILLINGE
9. Dez.	1999	1	KARDINALSVOGEL
22. Dez.	1999	1	KLAPPERSCHLAN-GENZAHN
4. Jan.	**2000**	1	SCHLANGE
17. Jan.	2000	1	FEUERSTEIN
30. Jan.	2000	1	WASCHBÄR
12. Feb.	2000	1	DRACHE
25. Feb.	2000	1	REIHER
9. März	2000	1	WOLF
22. März	2000	1	FEUERSTELLE
4. April	2000	1	EULE
17. April	2000	1	FLUSS
30. April	2000	1	WIRBELWIND
13. Mai	2000	1	ADLER
26. Mai	2000	1	HASE
8. Juni	2000	1	SCHILDKRÖTE
21. Juni	2000	1	PUMA
4. Juli	2000	1	HIRSCH
17. Juli	2000	1	BLUME
30. Juli	2000	1	SCHILFROHR
12. Aug.	2000	1	ZWILLINGE
25. Aug.	2000	1	KARDINALSVOGEL
7. Sept.	2000	1	KLAPPERSCHLAN-GENZAHN
20. Sept.	2000	1	SCHLANGE
3. Okt.	2000	1	FEUERSTEIN
16. Okt.	2000	1	WASCHBÄR

29. Okt. 2000	1	DRACHE
11. Nov. 2000	1	REIHER
24. Nov. 2000	1	WOLF
7. Dez. 2000	1	FEUERSTELLE
20. Dez. 2000	1	EULE
2. Jan. **2001**	1	FLUSS
15. Jan. 2001	1	WIRBELWIND
28. Jan. 2001	1	ADLER
10. Feb. 2001	1	HASE
23. Feb. 2001	1	SCHILDKRÖTE
8. März 2001	1	PUMA
21. März 2001	1	HIRSCH
3. April 2001	1	BLUME
16. April 2001	1	SCHILFROHR
29. April 2001	1	ZWILLINGE
12. Mai 2001	1	KARDINALSVOGEL
25. Mai 2001	1	KLAPPERSCHLAN-GENZAHN
7. Juni 2001	1	SCHLANGE
20. Juni 2001	1	FEUERSTEIN
3. Juli 2001	1	WASCHBÄR
16. Juli 2001	1	DRACHE
29. Juli 2001	1	REIHER
11. Aug. 2001	1	WOLF
24. April 2001	1	FEUERSTELLE
6. Sept. 2001	1	EULE
19. Sept. 2001	1	FLUSS
2. Okt. 2001	1	WIRBELWIND
15. Okt. 2001	1	ADLER
28. Okt. 2001	1	HASE
10. Nov. 2001	1	SCHILDKRÖTE
23. Nov. 2001	1	PUMA
6. Dez. 2001	1	HIRSCH
19. Dez. 2001	1	BLUME
1. Jan. **2002**	1	SCHILFROHR
14. Jan. 2002	1	ZWILLINGE
27. Jan. 2002	1	KARDINALSVOGEL
9. Feb. 2002	1	KLAPPERSCHLAN-GENZAHN
22. Feb. 2002	1	SCHLANGE
7. März 2002	1	FEUERSTEIN
20. März 2002	1	WASCHBÄR
2. April 2002	1	DRACHE
15. April 2002	1	REIHER
28. April 2002	1	WOLF
11. Mai 2002	1	FEUERSTELLE
24. Mai 2002	1	EULE
6. Juni 2002	1	FLUSS

19. Juni 2002	1	WIRBELWIND
2. Juli 2002	1	ADLER
15. Juli 2002	1	HASE
28. Juli 2002	1	SCHILDKRÖTE
10. Aug. 2002	1	PUMA
23. Aug. 2002	1	HIRSCH
5. Sept. 2002	1	BLUME
18. Sept. 2002	1	SCHILFROHR
1. Okt. 2002	1	ZWILLINGE
14. Okt. 2002	1	KARDINALSVOGEL
27. Okt. 2002	1	KLAPPERSCHLAN-GENZAHN
9. Nov. 2002	1	SCHLANGE
22. Nov. 2002	1	FEUERSTEIN
5. Dez. 2002	1	WASCHBÄR
18. Dez. 2002	1	DRACHE
31. Dez. 2002	1	REIHER
13. Jan. **2003**	1	WOLF
26. Jan. 2003	1	FEUERSTELLE
8. Feb. 2003	1	EULE
21. Feb. 2003	1	FLUSS
6. März 2003	1	WIRBELWIND
19. März 2003	1	ADLER
1. April 2003	1	HASE
14. April 2003	1	SCHILDKRÖTE
27. April 2003	1	PUMA
10. Mai 2003	1	HIRSCH
23. Mai 2003	1	BLUME
5. Juni 2003	1	SCHILFROHR
18. Juni 2003	1	ZWILLINGE
1. Juli 2003	1	KARDINALSVOGEL
14. Juli 2003	1	KLAPPERSCHLAN-GENZAHN
27. Juli 2003	1	SCHLANGE
9. Aug. 2003	1	FEUERSTEIN
22. Aug. 2003	1	WASCHBÄR
4. Sept. 2003	1	DRACHE
17. Sept. 2003	1	REIHER
30. Sept. 2003	1	WOLF
13. Okt. 2003	1	FEUERSTELLE
26. Okt. 2003	1	EULE
8. Nov. 2003	1	FLUSS
21. Nov. 2003	1	WIRBELWIND
4. Dez. 2003	1	ADLER
17. Dez. 2003	1	HASE
30. Dez. 2003	1	SCHILDKRÖTE
12. Jan. **2004**	1	PUMA
25. Jan. 2004	1	HIRSCH

155

7. Feb.	2004	1 BLUME		27. Sept.	2005	1 FEUERSTEIN
20. Feb.	2004	1 SCHILFROHR		10. Okt.	2005	1 WASCHBÄR
4. März	2004	1 ZWILLINGE		23. Okt.	2005	1 DRACHE
17. März	2004	1 KARDINALSVOGEL		5. Nov.	2005	1 REIHER
30. März	2004	1 KLAPPERSCHLAN-GENZAHN		28. Nov.	2005	1 WOLF
				1. Dez.	2005	1 FEUERSTELLE
12. April	2004	1 SCHLANGE		14. Dez.	2005	1 EULE
25. April	2004	1 FEUERSTEIN		27. Dez.	2005	1 FLUSS
8. Mai	2004	1 WASCHBÄR				
21. Mai	2004	1 DRACHE		9. Jan.	**2006**	1 WIRBELWIND
3. Juni	2004	1 REIHER		22. Jan.	2006	1 ADLER
16. Juni	2004	1 WOLF		4. Feb.	2006	1 HASE
29. Juni	2004	1 FEUERSTELLE		17. Feb.	2006	1 SCHILDKRÖTE
12. Juli	2004	1 EULE		2. März	2006	1 PUMA
25. Juli	2004	1 FLUSS		15. März	2006	1 HIRSCH
7. Aug.	2004	1 WIRBELWIND		28. März	2006	1 BLUME
20. Aug.	2004	1 ADLER		10. April	2006	1 SCHILFROHR
2. Sept.	2004	1 HASE		23. April	2006	1 ZWILLINGE
15. Sept.	2004	1 SCHILDKRÖTE		6. Mai	2006	1 KARDINALSVOGEL
28. Sept.	2004	1 PUMA		19. Mai	2006	1 KLAPPERSCHLAN-GENZAHN
11. Okt.	2004	1 HIRSCH				
24. Okt.	2004	1 BLUME		1. Juni	2006	1 SCHLANGE
6. Nov.	2004	1 SCHILFROHR		14. Juni	2006	1 FEUERSTEIN
19. Nov.	2004	1 ZWILLINGE		27. Juni	2006	1 WASCHBÄR
2. Dez.	2004	1 KARDINALSVOGEL		10. Juli	2006	1 DRACHE
15. Dez.	2004	1 KLAPPERSCHLAN-GENZAHN		23. Juli	2006	1 REIHER
				5. Aug.	2006	1 WOLF
28. Dez.	2004	1 SCHLANGE		18. Aug.	2006	1 FEUERSTELLE
				31. Aug.	2006	1 EULE
10. Jan.	**2005**	1 FEUERSTEIN		13. Sept.	2006	1 FLUSS
23. Jan.	2005	1 WASCHBÄR		26. Sept.	2006	1 WIRBELWIND
5. Feb.	2005	1 DRACHE		9. Okt.	2006	1 ADLER
18. Feb.	2005	1 REIHER		22. Okt.	2006	1 HASE
3. März	2005	1 WOLF		4. Nov.	2006	1 SCHILDKRÖTE
16. März	2005	1 FEUERSTELLE		17. Nov.	2006	1 PUMA
29. März	2005	1 EULE		30. Nov.	2006	1 HIRSCH
11. April	2005	1 FLUSS		13. Dez.	2006	1 BLUME
24. April	2005	1 WIRBELWIND		26. Dez.	2006	1 SCHILFROHR
7. Mai	2005	1 ADLER				
20. Mai	2005	1 HASE		8. Jan.	**2007**	1 ZWILLINGE
2. Juni	2005	1 SCHILDKRÖTE		21. Jan.	2007	1 KARDINALSVOGEL
15. Juni	2005	1 PUMA		3. Feb.	2007	1 KLAPPERSCHLAN-GENZAHN
28. Juni	2005	1 HIRSCH				
11. Juli	2005	1 BLUME		16. Feb.	2007	1 SCHLANGE
24. Juli	2005	1 SCHILFROHR		1. März	2007	1 FEUERSTEIN
6. Aug.	2005	1 ZWILLINGE		14. März	2007	1 WASCHBÄR
19. Aug.	2005	1 KARDINALSVOGEL		27. März	2007	1 DRACHE
1. Sept.	2005	1 KLAPPERSCHLAN-GENZAHN		9. April	2007	1 REIHER
				22. April	2007	1 WOLF
14. Sept.	2005	1 SCHLANGE		5. Mai	2007	1 FEUERSTELLE

18. Mai	2007	1	EULE
31. Mai	2007	1	FLUSS
13. Juni	2007	1	WIRBELWIND
26. Juni	2007	1	ADLER
9. Juli	2007	1	HASE
22. Juli	2007	1	SCHILDKRÖTE
4. Aug.	2007	1	PUMA
17. Aug.	2007	1	HIRSCH
30. Aug.	2007	1	BLUME
12. Sept.	2007	1	SCHILFROHR
25. Sept.	2007	1	ZWILLINGE
8. Okt.	2007	1	KARDINALSVOGEL
21. Okt.	2007	1	KLAPPERSCHLAN-GENZAHN
3. Nov.	2007	1	SCHLANGE
16. Nov.	2007	1	FEUERSTEIN
29. Nov.	2007	1	WASCHBÄR
12. Dez.	2007	1	DRACHE
25. Dez.	2007	1	REIHER
7. Jan.	**2008**	1	WOLF
20. Jan.	2008	1	FEUERSTELLE
2. Feb.	2008	1	EULE
15. Feb.	2008	1	FLUSS
28. Feb.	2008	1	WIRBELWIND
12. März	2008	1	ADLER
25. März	2008	1	HASE
7. April	2008	1	SCHILDKRÖTE
20. April	2008	1	PUMA
3. Mai	2008	1	HIRSCH
16. Mai	2008	1	BLUME
29. Mai	2008	1	SCHILFROHR
11. Juni	2008	1	ZWILLINGE
24. Juni	2008	1	KARDINALSVOGEL
7. Juli	2008	1	KLAPPERSCHLAN-GENZAHN
20. Juli	2008	1	SCHLANGE
2. Aug.	2008	1	FEUERSTEIN
15. Aug.	2008	1	WASCHBÄR
28. Aug.	2008	1	DRACHE
10. Sept.	2008	1	REIHER
23. Sept.	2008	1	WOLF
6. Okt.	2008	1	FEUERSTELLE
19. Okt.	2008	1	EULE
1. Nov.	2008	1	FLUSS
14. Nov.	2008	1	WIRBELWIND
27. Nov.	2008	1	ADLER
10. Dez.	2008	1	HASE
23. Dez.	2008	1	SCHILDKRÖTE

5. Jan.	**2009**	1	PUMA
18. Jan.	2009	1	HIRSCH
31. Jan.	2009	1	BLUME
13. Feb.	2009	1	SCHILFROHR
26. Feb.	2009	1	ZWILLINGE
11. März	2009	1	KARDINALSVOGEL
24. März	2009	1	KLAPPERSCHLAN-GENZAHN
6. April	2009	1	SCHLANGE
19. April	2009	1	FEUERSTEIN
2. Mai	2009	1	WASCHBÄR
15. Mai	2009	1	DRACHE
28. Mai	2009	1	REIHER
10. Juni	2009	1	WOLF
23. Juni	2009	1	FEUERSTELLE
6. Juli	2009	1	EULE
19. Juli	2009	1	FLUSS
1. Aug.	2009	1	WIRBELWIND
14. Aug.	2009	1	ADLER
27. Aug.	2009	1	HASE
9. Sept.	2009	1	SCHILDKRÖTE
22. Sept.	2009	1	PUMA
5. Okt.	2009	1	HIRSCH
18. Okt.	2009	1	BLUME
31. Okt.	2009	1	SCHILFROHR
13. Nov.	2009	1	ZWILLINGE
26. Nov.	2009	1	KARDINALSVOGEL
9. Dez.	2009	1	KLAPPERSCHLAN-GENZAHN
22. Dez.	2009	1	SCHLANGE
4. Jan.	**2010**	1	FEUERSTEIN
17. Jan.	2010	1	WASCHBÄR
30. Jan.	2010	1	DRACHE
12. Feb.	2010	1	REIHER
25. Feb.	2010	1	WOLF
10. März	2010	1	FEUERSTELLE
23. März	2010	1	EULE
5. April	2010	1	FLUSS
18. April	2010	1	WIRBELWIND
1. Mai	2010	1	ADLER
14. Mai	2010	1	HASE
27. Mai	2010	1	SCHILDKRÖTE
9. Juni	2010	1	PUMA
22. Juni	2010	1	HIRSCH
5. Juli	2010	1	BLUME
18. Juli	2010	1	SCHILFROHR
31. Juli	2010	1	ZWILLINGE
13. Aug.	2010	1	KARDINALSVOGEL

26. Aug. 2010	1	KLAPPERSCHLAN-GENZAHN
8. Sept. 2010	1	SCHLANGE
21. Sept. 2010	1	FEUERSTEIN
4. Okt. 2010	1	WASCHBÄR
17. Okt. 2010	1	DRACHE
30. Okt. 2010	1	REIHER
12. Nov. 2010	1	WOLF
25. Nov. 2010	1	FEUERSTELLE
8. Dez. 2010	1	EULE
21. Dez. 2010	1	FLUSS
3. Jan. **2011**	1	WIRBELWIND
16. Jan. 2011	1	ADLER
29. Jan. 2011	1	HASE
11. Feb. 2011	1	SCHILDKRÖTE
24. Feb. 2011	1	PUMA
9. März 2011	1	HIRSCH
22. März 2011	1	BLUME
4. April 2011	1	SCHILFROHR
17. April 2011	1	ZWILLINGE
30. April 2011	1	KARDINALSVOGEL
13. Mai 2011	1	KLAPPERSCHLAN-GENZAHN
26. Mai 2011	1	SCHLANGE
8. Juni 2011	1	FEUERSTEIN
21. Juni 2011	1	WASCHBÄR
4. Juli 2011	1	DRACHE
17. Juli 2011	1	REIHER
30. Juli 2011	1	WOLF
12. Aug. 2011	1	FEUERSTELLE
25. Aug. 2011	1	EULE
7. Sept. 2011	1	FLUSS
20. Sept. 2011	1	WIRBELWIND
3. Okt. 2011	1	ADLER
16. Okt. 2011	1	HASE
29. Okt. 2011	1	SCHILDKRÖTE

11. Nov. 2011	1	PUMA
24. Nov. 2011	1	HIRSCH
7. Dez. 2011	1	BLUME
20. Dez. 2011	1	SCHILFROHR
2. Jan. **2012**	1	ZWILLINGE
15. Jan. 2012	1	KARDINALSVOGEL
28. Jan. 2012	1	KLAPPERSCHLAN-GENZAHN
10. Feb. 2012	1	SCHLANGE
23. Feb. 2012	1	FEUERSTEIN
7. März 2012	1	WASCHBÄR
20. März 2012	1	DRACHE
2. April 2012	1	REIHER
15. April 2012	1	WOLF
28. April 2012	1	FEUERSTELLE
11. Mai 2012	1	EULE
24. Mai 2012	1	FLUSS
6. Juni 2012	1	WIRBELWIND
19. Juni 2012	1	ADLER
2. Juli 2012	1	HASE
15. Juli 2012	1	SCHILDKRÖTE
28. Juli 2012	1	PUMA
10. Aug. 2012	1	HIRSCH
23. Aug. 2012	1	BLUME
5. Sept. 2012	1	SCHILFROHR
18. Sept. 2012	1	ZWILLINGE
1. Okt. 2012	1	KARDINALSVOGEL
14. Okt. 2012	1	KLAPPERSCHLAN-GENZAHN
27. Okt. 2012	1	SCHLANGE
9. Nov. 2012	1	FEUERSTEIN
22. Nov. 2012	1	WASCHBÄR
5. Dez. 2012	1	DRACHE
18. Dez. 2012	1	REIHER
21. Dez. 2012	1	WOLF

ANHANG

Sommerzeiten in Deutschland und Österreich

Die Sommerzeit galt in Deutschland und Österreich wie unten angegeben. Wenn Ihr Geburtstag in einen dieser Zeiträume fällt, müssen Sie von Ihrer Geburtszeit eine Stunde bzw. zwei Stunden (siehe Anmerkungen) abziehen.

1940	1. April	bis	31. Dezember
1941	1. Januar	bis	31. Dezember
1942	1. Januar	bis	1. November
1943	29. März	bis	3. Oktober
1944	3. April	bis	1. Oktober
1945[1]	2. April	bis	15. Oktober
1946	14. April	bis	7. Oktober
1947[2]	6. April	bis	5. Oktober
1948	18. April	bis	2. Oktober
1949[3]	10. April	bis	1. Oktober
1980	6. April	bis	27. September
1981	29. März	bis	26. September
1982	28. März	bis	25. September
1983	27. März	bis	24. September
1984	25. März	bis	29. September
1985	31. März	bis	28. September
1986	30. März	bis	27. September

1) Im sowjetisch besetzten Gebiet Deutschlands galt vom 24. Mai bis 24. September doppelte Sommerzeit (d. h. mitteleuropäische Zeit minus 2 Stunden).
2) 1947: Doppelte Sommerzeit. Siehe Anmerkung 1
3) 1949: Im sowjetisch besetzten Gebiet Deutschlands galt die Sommerzeit bis 18. November.

1987	29. März	bis	26. September
1988	27. März	bis	24. September
1989	26. März	bis	23. September
1990	31. März	bis	29. September
1991	31. März	bis	28. September
1992	29. März	bis	26. September
1993	28. März	bis	25. September
1994	27. März	bis	24. September
1995	26. März	bis	23. September
1996	31. März	bis	26. Oktober
1997	30. März	bis	25. Oktober
1998	29. März	bis	24. Oktober
1999	28. März	bis	30. Oktober
2000	26. März	bis	28. Oktober
2001	25. März	bis	27. Oktober
2002 bis 2005	31. März	bis	27. Oktober
2004 bis 2005	Jeweils letzter Sonntag im März bis letzten Sonntag im Oktober		

Seit 1996 gilt in Europa generell vom letzten März- bis zum letzten Oktobersonntag die Sommerzeit.

Sommerzeiten in der Schweiz

1941	5. Mai	bis	6. Oktober
1942	4. Mai	bis	5. Oktober
ab 1981	wie Deutschland und Österreich		